COLLECTION D'OUVRAGES

RELATIFS AUX

SCIENCES HERMÉTIQUES

L'OR

ET LA TRANSMUTATION DES MÉTAUX

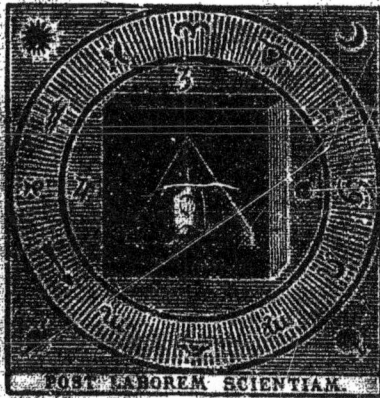

POST LABOREM SCIENTIAM.

BIBLIOTHÈQUE CHACORNAC

11, Quai Saint-Michel, Paris

(PRÈS NOTRE-DAME)

825

COLLECTION D'OUVRAGES RELATIFS

AUX

SCIENCES HERMÉTIQUES

Sous la direction de M. Jules Lermina

L'OR

ET

LA TRANSMUTATION DES MÉTAUX

Par G. Théodore TIFFEREAU

L'Alchimiste du XIXe Siècle

Mémoires et conférences précédés

DE

PARACELSE ET L'ALCHIMIE

Au XVIe Siècle

Par M. FRANCK

De l'Institut

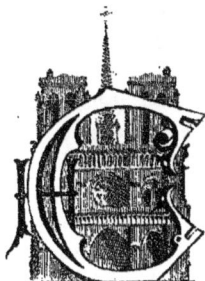

H. CHACORNAC, ÉDITEUR

11, *Quai Saint-Michel, Paris*

1889

PRÉFACE

> Tout, dans la nature extérieure, se réduit à un
> changement de forme dans l'agrégation des élé-
> ments chimiques éternellement invariables
> (Helmholtz).

En publiant le premier volume de cette collection d'écrits
— anciens et modernes — relatifs aux sciences hermétiques,
nous n'obéissons pas au vulgaire désir de faire œuvre de
bibliophiles, d'éditer ou de rééditer des livres, étranges par
le fond, bizarres dans la forme, souvent difficiles à com-
prendre, où se mêlent parfois des fantaisies presque ridi-
cules aux conceptions les plus hardies de l'intuition.

Nous visons plus haut et plus loin.

Aujourd'hui l'esprit humain est assez nettement délivré
de tous préjugés pour ne reculer devant aucune hypothèse :
ne se laissant arrêter par aucune superstition ni aucune
crainte, il va jusqu'aux extrêmes limites de la logique,
estimant qu'à toute constatation acquise, une étude nou-
velle peut ajouter un au-delà. Il s'est dégagé surtout de la
peur des mots et ne condamne aucune manifestation de
l'effort cérébral, sous quelque étiquette qu'elle se présente

Alchimie, Hermétisme, Occultisme, ne sont pour lui que des rubriques dont les allures mystérieuses ne l'effraient pas. Isis sous son voile peut apparaître comme un être fantastique, comme un spectre troublant. Le savant va droit à elle et prétend voir son visage.

Autrefois, à ce mot d'alchimie, on frissonnait ou on souriait. Superstition ou scepticisme qui ne sont qu'une seule et même forme de l'ignorance et de la paresse.

On a compris maintenant que l'homme n'a pas le droit de nier ni d'affirmer à priori. Dire que l'alchimie n'est qu'un tissu d'erreurs grotesques est aussi absurde que de croire, par un élan de foi, à des miracles indémontrés.

Qu'est-ce d'ailleurs qu'un philosophe Hermétique ?

Quand, hier encore, William-Thomson, pour établir sa théorie des atomes-tourbillons, fait jaillir d'un coup de baguette, frappé sur un drap tendu, les anneaux de fumée du chlorhydrate d'ammoniaque, quand Helmholtz analyse les mouvements tourbillonnants dans un liquide parfait, c'est-à-dire n'existant qu'à l'état d'hypothèse mathématique, comme le point en géométrie, quand M. Dupré compte, dans un cube d'eau ayant pour côté un millième de millième, invisible au microscope, un nombre énorme de 225 millions de molécules, ces savants font œuvre d'alchimistes, et l'ignorant qui les verrait agir, sans comprendre la portée de leurs travaux, en apparence insignifiants, les taxerait de folie.

Fous ! le mot est bien vite prononcé ! Fou, Démocrite, le grand rieur qui osa dire que : les variétés de toutes choses dépendent des variétés de leurs atomes, en nombre, dimension et agrégation; Fou, Empédocle qui affirmait l'adaptation ; fou, Epicure qui niait la mort, fou, Lucrèce qui professait l'indestructibilité des atomes, impérissables matériaux de l'univers !

M. Frémy ne faisait-il pas œuvre d'alchimiste, quand, en faisant réagir au rouge du fluorure de calcium sur de l'alumine contenant des traces de bichromate de potasse, il produisait les cristaux polyédriques du rubis.

Seules, les conditions du travail ont changé. Les soufleurs du moyen-âge, toujours en crainte de persécutions, pâlis par la peur du bûcher, se cachaient comme des malfaiteurs, rêvant la puissance énorme et rapidement acquise qui triompherait de leurs bourreaux. Sur le monde, la catholicité pesait, avec sa négation sinistre de la science, avec son mépris du bien-être corporel, avec sa lourde théorie du sacrifice, avec sa méconnaissance atroce des besoins et des droits de l'humanité.

Le savant se terrait dans sa science, et, si, obéissant à cette passion innée au cœur de l'homme qui le pousse à faire partager ses joies de trouveur à ses semblables, il se décidait à parler, encore un ultime vestige de prudence lui conseillait d'employer une langue mystérieuse, arcanienne et cependant, le plus souvent, pour qui sait la déchiffrer, simple en son essence, comme tout ce qui est logique et vrai.

Aujourd'hui, comme l'a dit Tyndall, la science n'a plus le droit de s'isoler, mais elle combine librement tous les efforts qui tendent vers l'amélioration du sort de l'homme.

La grande faute des Hermétistes—faute qui ne peut leur être imputée à crime, car ils étaient écrasés sous le joug de fer de l'ignorance et de la tyrannie intransigeante, c'est d'avoir reculé devant la généralisation des principes. Ils s'arrêtaient, inquiets, au seuil de la vérité, sans oser le franchir, s'attardant à des recherches parfois enfantines comme des jeux. C'est qu'aussi la Bible les enserrait, les pères de l'Église les étouffaient, et beaucoup, victimes respectables, mouraient de ne pouvoir travailler librement.

Ce qu'il faut considérer en ces philosophes, ce sont moins les applications qu'ils font de leurs théories que l'idée première qui les leur dictait. En les écrits de chacun d'eux, il y a, sous la forme, le fond, la base, le substratum. Lorsque Bacon appelait le son un mouvement spirituel, peut-être proclamait-il un des axiomes de l'avenir ?

Ne retrouvons-nous pas tous les éléments de la science alchimique dans les expériences de Norman Lockyer, prouvant par ses études spectroscopiques, que dans les étoiles les plus chaudes, on ne trouve que de l'hydrogène pur, tandis que dans celles moins chaudes, les métaux,

*puis les métalloïdes apparaissent, et que sur la terre, enfin,
hydrogène, métaux et métalloïdes ne se trouvent jamais
à l'état parfaitement pur, mais en des combinaisons plus
ou moins complexes. Qu'est-ce donc que cet hydrogène,
sinon l'Absolu des alchimistes, et quelle preuve presque
concluante de la réduction possible de la matière en son
principe un et primordial ?*

*Aujourd'hui on peut professer hautement le dogme
de l'unité de la matière : en expérimentant avec de l'alcool
ou de l'huile, on acquiert la démonstration irrécusable de
la création du système solaire, par fragmentation d'une
masse unique.*

*Mais l'hydrogène est-il l'extrême point de départ de ce
que nous appelons improprement les corps simples ?*

*Les spectres phosphorescents ont montré en l'atome un
système chimique complexe dont les éléments constituants
peuvent être dissociés. Huggins, Lecoq de Boisbaudran ont
vulgarisé cette vérité que seule aujourd'hui la mauvaise foi
pourrait révoquer en doute.*

*Mais l'atome étant corps composé, qu'y a-t-il au delà ?
que seraient ses éléments constituants ? Seraient-ils multiples ou se rapporteraient-ils à un élément unique ?*

A cette question William Crookes répond hardiment :

*— Je me hasarde à conclure que les éléments des soi-
disants corps simples que nous connaissons, sont en réalité
des molécules composées. Je vous demande pour que vous*

ayiez une conception de leur genèse, de reporter votre esprit à travers les âges, vers le temps où l'univers était vide
et sans forme, et de suivre le développement de la matière
dans les états à nous connus d'après quelque chose d'anté-
cédent. Je propose d'appeler protyle ce qui existait avant
nos éléments, avant la matière telle que nous la connaissons à présent.

Cette idée de matière première, de protyle, préexiste
dans tous les esprits raisonnants. C'est ainsi que Descartes parle d'un fluide universel pareil à une liqueur la plus
subtile et la plus pénétrante qui soit au monde.

M. Berthelot, il y a quinze ans déjà, ne reculait pas
devant l'hypothèse de la décomposition des corps simples ;
si les moyens dont nous disposons aujourd'hui, disait-il,
restent encore impuissants, rien n'empêche de supposer
qu'une découverte nouvelle, semblable à celle du courant
voltaïque, permette aux chimistes de l'avenir de franchir
les limites qui nous sont imposés : tout en se refusant à admettre la nécessité logique de l'Unité de la matière, l'éminent chimiste reconnaissait la vraisemblance de la transmutation des éléments actuels les uns dans les autres.

Les recherches sur la thermochimie, en introduisant dans
la science l'idée de dissociation, ont porté un coup décisif
aux préjugés surannés, notamment à l'hypothèse de l'affinité.

De la dissociation à la synthèse, la marche est logique,

et l'idée de la transmutation des métaux ou plutôt de leur constitution par le perfectionnement de l'élément protylique s'impose d'elle-même.

M. E. Varenne ne disait-il pas, il y a trois ans :

— Comprimez de l'hydrogène jusqu'à edux cent mille atmosphères et vous aurez un lingot d'or pur.

De cette analyse de la matière à l'analyse de la Vie, le pas sera bientôt franchi.

A quelle hauteur ne s'élève pas la science moderne quand, regardant face à face les grands problèmes organiques, elle dit avec Claude Bernard :

— Les phénomènes dans les corps bruts et dans les corps vivants ont pour conditions les mêmes éléments et les mêmes propriétés élémentaires. C'est la complexité de l'arrangement qui fait la différence.

Descartes avait d'ailleurs affirmé déjà avec une audace géniale que la vie n'est qu'un résultat plus compliqué des lois de la physique et de la mécanique.

Peut-être, et c'est ici qu'interviennent l'Hermétisme et l'Occultisme, existe-t-il des substances protyliennes, en quelque sorte tellement diluées que de matérielles elles passent à un autre état que, sans notion exacte, nous appellerions dès à présent spirituelles, transformation dont la formation des gaz ou la naissance de l'électricité nous fournissent des similarités probables. L'esprit n'est-il pas un état essentiel, spécial de la matière, un hyper-protyle, doué de facultés actives dont nous ressentons les effets, sans qu'il nous soit encore possible d'en déterminer la nature ?

De tout temps, ces problèmes ont préoccupé les hommes d'élite et il serait injuste de nier que peu à peu leurs recherches et leurs découvertes ont changé l'axe de la science.

Quelqu'un oserait-il aujourd'hui taxer de folie, de charlatanisme ou de mensonge Crookes ou Gibier ? Qui oserait affirmer que Katie-King n'est point apparue ?

Il nous paraît plus qu'intéressant, il nous semble utile de placer à nouveau sous les yeux des hommes de bonne foi ces œuvres, presque toutes introuvables qui constituent les pièces du grand dossier hermétique, de ce procès, jugé par l'ignorance, mais toujours sujet à révision. Nous avons la conviction que, dans des opuscules mal connus et mal étudiés, tels que le Miroir d'Alchimie de Roger Bacon ou l'Elixir des philosophes attribué au pape Jean XXII, le vrai chercheur saura dégager le diamant de sa gangue.

Et combien d'autres œuvres dédaignées !

En vérité, quand on comprendra les œuvres de Swedenborg, d'Hœné Wronski, de Louis Lucas, de Fabre d'Olivet, des horizons nouveaux, immenses, s'ouvriront devant les esprits.

Et qu'on n'oublie pas que nos savants, fussent-ils de l'Institut, sont les fils, trop souvent ingrats, des Hermétistes. Peut-être, comme le veulent les sages du Thibet, sont-

*ils les élèves inconscients des savants de quelque Atlantide
disparue, les écouteurs encore à demi sourds d'échos, se
propageant depuis les catastrophes antiques de la machine
cosmique.*

*La collection des écrits, relatifs aux sciences hermétiques
sera, en peu de temps, le vade-mecum de ceux qui, hors
de tous préjugés admettent le possible, même avant le
vraisemblable.*

JULES LERMINA.

Mai 1889.

PARACELSE

ET L'ALCHIMIE
AU XVIe SIÈCLE

PAR M. FRANCK

MEMBRE DE L'ACADÉMIE DES SCIENCES MORALES ET POLITIQUES

Lu à la séance publique annuelle des cinq Académies,
le 25 octobre 1853.

Si l'alchimie n'avait jamais eu pour objet que ce double rêve de la cupidité et de la faiblesse, le secret de convertir tous les métaux en or et celui de prolonger à volonté la vie humaine dans un corps exempt de douleurs et d'infirmités, je me garderais bien d'évoquer le souvenir d'un art aussi chimérique, et, s'il ne l'était pas, aussi dangereux. Mais elle s'est proposé, à un certain moment, un but plus élevé et plus sérieux. Entraînée par ses illusions mêmes à la recherche, quelquefois à la découverte du vrai, elle a préparé la régénération des sciences naturelles, en les poussant, du côté des faits, dans les voies de l'expérience et de l'analyse, et en les rattachant par leurs principes aux plus hautes spéculations de la métaphysique. A ce titre, elle pourra exciter quelque intérêt dans un temps qui est à l'épreuve de ses erreurs et qui se pique de justice envers les siècle passés.

L'origine de l'alchimie, comme celle de la plupart de nos connaissances vraies ou fausses, se perd dans un nuage. Cependant il est difficile de la faire remonter avec quelques adeptes jusqu'à Mezaraïm, fils de Cham et premier roi d'Égypte, ou jusqu'à l'auteur supposé du *Pœmander*, ce prétendu monument de la mystérieuse sagesse des prêtres égyptiens, Taut Hermès Trismégiste. Le titre de philosophie hermétique, sous lequel on désigne l'alchimie, et la ressemblance de ce dernier nom avec celui de Cham, le patriarche de l'Afrique, ne paraîtront à personne une garantie suffisante de cette vénérable antiquité. On reconnaîtra peut-être un premier essai de chimie générale dans quelques-uns des plus anciens systèmes philosophiques de la Grèce : dans les atomes de Leucippe et de Démocrite, ressuscités, avec des attributions plus modestes, par la science contemporaine ; dans les quatre éléments d'Empédocle, qui continuent de désigner sinon les principes, au moins les différents états de la matière, tantôt solide comme la terre, tantôt fluide comme l'air, liquide comme l'eau, impalpable, c'est-à-dire impondérable, comme le feu ; et enfin dans la théorie plus savante des homéoméries d'Anaxagore. Mais, il y a loin de là à faire de Démocrite un alchimiste, disciple des prêtres de Memphis, du mage Ostanes et d'une certaine Marie, surnommée la Juive, dans laquelle, franchissant une distance de dix à douze siècles, on a reconnu la sœur de Moïse. Cependant n'avons-nous pas les ouvrages que le philosophe abdéritain a composés sur le *grand art,* sur l'*art sacré,* comme il l'appelle? Oui, sans doute! Mais ils méritent le même degré de confiance que ceux de Taut lui-même, du mage Ostanes, de la prophétesse Marie, qui sont également entre nos mains, avec beaucoup d'autres, signés des noms d'Aristote, du roi Salomon et de la reine Cléopâtre.

Ce qui est certain, c'est que la foi dans l'alchimie était déjà accréditée au commencement de notre ère : car nous lisons dans l'*Histoire naturelle* de Pline (1) que l'empereur Caligula réussit à tirer un peu d'or d'une grande quantité d'orpiment ; mais que, le résultat ayant trompé son avidité, il renonça à ce moyen de grossir son trésor. Un autre fait qu'on peut affirmer avec confiance, c'est que la science alchimique a pris naissance en Égypte, sous l'influence de ce panthéisme moitié métaphysique, moitié religieux, qui s'est formé à Alexandrie, durant les

(1) *Histoire natur.* liv. XXXIII, chap. 4.

premiers siècles de l'ère chrétienne, par la rencontre de
la philosophie grecque avec les croyances exaltées et les
rêves ambitieux de l'Orient. On remarque, en effet, qu'a-
près les personnages fabuleux ou manifestement anté-
rieurs à cet ordre d'idées, les premiers noms invoqués
par la philosophie hermétique sont des noms alexandrins :
Synésius, Héliodore, Olympiodore, Zosime. Ajoutez
cette tradition rapportée par Orose (1) au commencement du vᵉ siècle, et recueillie par Suidas (2), que Dio-
clétien, ne pouvant venir à bout des insurrections multi-
pliées des Égyptiens, ordonna la destruction de tous leurs
livres de chimie, parce que là était, selon lui, le secret
de leurs richesses et de leur opiniâtre résistance. Enfin,
c'est à un philosophe d'Alexandrie, à un philosophe
chrétien, probablement à la manière de l'évêque de Pto-
lémaïde, le disciple d'Hypathie, que les Arabes se disent
redevables de toutes leurs connaissances alchimiques.
Ce personnage, appelé Adfar, florissait pendant la première moitié du viiᵉ siècle, dans l'ancienne capitale des
Ptolémées, avec la réputation de posséder tous les secrets de la nature, et d'avoir retrouvé les écrits d'Hermès
sur le grand art. C'est lui vraisemblablement qui en est

(1) *Historiarum adversus paganos*, lib. VII c. 16.
(2) Voir son *Lexique*, au mot *Chimie*.

l'auteur. Sa réputation s'étendit jusqu'à Rome, d'où elle attira vers lui un autre enthousiaste, un jeune homme du nom de Moriénus, qui, admis dans la confiance d'Adfar et initié à toute sa science, la communiqua, vers la fin de sa vie, au prince Ommiade Khaled, fils du calife Yezid, devenu le souverain de l'Égypte après la conquête de ce pays sur les empereurs de Constantinople (1). Dès ce moment, l'alchimie devient mulsulmane, sans cesser de respirer l'esprit qui avait soufflé sur son berceau. Le premier écrivain qu'elle produisit chez les Arabes, le fameux Geber, ou plus correctement Djâber, né à Koufa, sur les bords de l'Euphrate, au commencement du XIII° siècle, appartenait à la secte des sofis, héritière directe et jusqu'à un certain point, écho fidèle du mysticisme alexandrin. Cette alliance est facile à expliquer. En admettant, dans l'ordre philosophique et religieux, qu'il n'y a qu'une substance unique des êtres, ou qu'il n'y a qu'un seul être sous des formes infiniment variées, comment s'empêcher de croire que la sphère de la nature et de l'industrie humaine, que tous les corps dont ce monde est composé ne sont que des combinaisons et des

(1) Voir le savant ouvrage de MM. Reinaud et Favé. *Du feu grégeois, des feux de guerre et des origines de la poudre à canon*, in-8°; Paris, 1845.

états différents d'un seul corps ; que tous les métaux,
pourvu qu'ils soient soumis à un agent assez puissant
peuvent être ramenés à un métal unique qui est leur
type commun et leur plus haut degré de perfection ? Tel
est, en effet, le principe d'où est sortie l'alchimie, par
lequel elle se lie d'abord au panthéisme mystique des
Grecs d'Alexandrie et des sofis de la Perse.

Mais peu à peu à mesure qu'on s'éloigne de l'antiquité et que les croyances nouvelles prennent un caractère plus ferme, ce principe se dérobe aux regards, et
l'alchimie, au lieu de tenir sa place dans un système général des connaissances humaines, devient un art tout à
fait isolé, un empirisme étroit, auquel il ne reste plus
que le champ des illusions et des aventures. Telle nous
la rencontrons, au commencement du xe siècle, chez
Razi, vulgairement Rhazès, ce médecin fameux, qui, se
vantant de faire de l'or, ne put trouver une somme de
dix pièces d'argent, promise en dot à sa femme, et dut
subir l'humiliation de la prison pour dettes ; qui, possédant un secret pour soustraire l'homme à toutes les maladies, et même aux infirmités de la vieillesse, ne put
empêcher une cataracte de fermer ses yeux à la lumière.
Telle nous la trouvons encore, un siècle plus tard, chez
un autre auteur fréquemment cité, et probablement aussi

un médecin arabe, Artephius ou Artèphe, qui a bien pu
servir de modèle au comte de Saint-Germain ; car il s'attribue comme lui une existence de mille ans, due à l'é-
lixir de longue vie.

L'alchimie, en passant des musulmans chez les auteurs chrétiens du moyen-âge, ne change pas de caractère
et l'on peut douter qu'elle se soit beaucoup enrichie entre leurs mains de ces découvertes imprévues dont la chimie a hérité. Ainsi, par exemple, c'est une erreur d'attribuer à Roger Bacon l'invention de la poudre à canon.
La composition désignée en termes énigmatiques par le
célèbre franciscain a été décrite avant lui, avec beaucoup
d'autres, par Marcus Græcus (1) et les auteurs arabes.
On conçoit que la même horreur qui poursuivait les ma-
giciens atteignait aussi les alchimistes, confondus avec
eux par l'ignorance populaire, et que la longue captivité
infligée à Roger Bacon ne devait pas encourager leurs
expériences. Du moins est-il certain que l'alchimie, pour
parler le langage du temps, n'est qu'un *accident* dans la
scholastique : elle ne se rattache par aucun lien aux principes, et n'entre par aucune porte dans les cadres de
cette étude. Les objets de ses recherches sont, comme
auparavant, la pierre philosophale et le fameux élixir, dont

1. *Liber ignium ad comburendos hostes :* id 4° ; Paris, 1804.

personne, à ce moment, pas plus saint Thomas et Albert
le Grand que Raymond Lulle et Arnauld de Villeneuve,
ne songe à contester l'existence. Ce n'est qu'à l'époque
de la renaissance des lettres, dans le cours du xve et du
xvie siècle, que, choisissant pour son point d'appui la philosophie, ou du moins un système philosophique, et pour
son champ d'opérations la nature entière, elle s'efforce
non-seulement de prendre rang parmi les sciences, mais
de les employer toutes à son usage. Voici comment cette
révolution s'accomplit.

Le moyen âge, sauf quelques essais de résistance
étouffés à l'instant, avait vécu tout entier dans les espa-
ces surnaturels de la foi ou dans les arides abstractions
de la logique, admise comme par grâce à exposer et,
pour ainsi dire, à détailler le dogme. La renaissance,
justement maudite par les partisans de ce régime, c'est
le retour de l'esprit humain à la nature, dans toutes les
carrières ouvertes à l'emploi de ses facultés. Il se trompe
souvent et passe à côté d'elle ; mais c'est elle toujours
qu'il cherche, même dans les plus grossières supersti-
tions. Il admire la peinture des sentiments naturels dans
les chefs-d'œuvre littéraires des anciens, et la raison
naturelle dans leurs systèmes philosophiques. Il reven-
dique le respect du droit naturel dans les institutions et

les lois. Il assure la défense des intérêts naturels en
réclamant, pour la société civile, une existence distincte
et indépendante de la société religieuse. Enfin, dans les
arts, l'enthousiasme naïf, les saintes inspirations qui
seules l'avaient captivé, cessent de lui suffire, et il faut
qu'à la beauté de l'expression viennent se joindre la
forme et la vie, l'imitation fidèle de la nature. Quel
autre ordre d'idées devait entrer dans ce mouvement
d'une manière plus directe et plus irrésistible, que
l'étude de la nature proprement dite ou l'ensemble des
sciences physiques? Il est vrai qu'on rencontre au moyen-
âge, à partir du XIIᵉ siècle, quelques connaissances par-
tielles d'astronomie, d'anatomie, de minéralogie, em-
pruntées à l'érudition arabe, qui, elle-même, avait puisé
dans l'antiquité grecque ; mais nulle part ces connaissances ne sont reliées en un faisceau ; et ce qui porte
alors le nom de physique n'est qu'un texte à allégories,
comme dans l'*Hexaméron* d'Abélard ; ou une imitation
du Timée, d'après la version de Chalcidius, comme dans
le traité du monde (le *Macrocosme*) de Bernard de
Chartres ; ou une argumentation purement logique sur
la matière et sur la forme, le temps, le mouvement,
l'infini, l'éternité, comme chez les maîtres les plus célèbres du XIIIᵉ et du XIVᵉ siècle, quand ils commentent

et développent la physique d'Aristote. Une science ayant
pour but d'étudier l'univers comme un seul tout, de
saisir les rapports qui unissent toutes ses parties, de
surprendre dans leur activité même les principes et les
causes des phénomènes, pour les observer ensuite dans
leurs plus mystérieuses opérations: en un mot, une philosophie de la nature, fondée sur l'examen des choses, non
sur la discussion des vieux textes, et osant avouer
nettement son dessein : une telle idée n'existe pas avant
l'ère de la renaissance, et c'est dans les livres d'alchimie
qu'il faut aller la chercher.

Le mysticisme oriental venait de reparaître sous toutes
ses formes : dans la kabbale, restaurée par Reuchlin et
Pic de la Mirandole ; dans le pythagoricisme alexandrin,
remis au jour et développé avec imagination par le cardi-
nal Nicolas de Cusa ; dans le néoplatonisme, importé en
Italie par Gémiste Pléthon, puis propagé dans tout l'Oc-
cident par les écrits de Marsile Ficin. Surpris par cette
lumière, qui avait éclairé le berceau de leur art, et restés
fidèles néanmoins aux dogmes de la création et de la
liberté humaine, ces deux bases de leur éducation morale, les alchimistes commencèrent à voir la nature d'un
point de vue nouveau, également éloigné du panthéisme
antique et des allégories ou des abstractions du moyen

âge. Elle apparut à leurs yeux comme un immense laboratoire où la nature toujours en fusion, et, pour parler
leur langage, toujours en fermentation, est modifiée de
mille manières, est revêtue de mille formes par des artistes invisibles placés sous la main d'un maître suprême.
Ces artistes, ce sont les forces qui font mouvoir le monde
et qui animent toutes ses parties, depuis les astres sus-
pendus dans l'espace jusqu'au moindre grain de pous-
sière ; ce sont les principes immatériels qu'on découvre
partout, lorsqu'on ne veut point admettre d'effets sans
causes ; dans les êtres organisés, comme la source de la
forme et de la vie ; dans la matière brute, comme la cause
du mouvement, de la cohésion des éléments et de leurs
affinités électives. En effet, tout corps, dans le système
qui nous occupe, fut associé à une cause, à laquelle il
devait sa composition et son développement intérieur.
Chaque organe important dans les animaux eut son *archée*
ou son principe particulier d'organisation et d'action.
Mais tous ces agents n'étaient pas isolés dans les différents corps dévolus à leur puissance ; ils étaient appelés,
dans un ordre hiérarchique, à exercer leur énergie, ou,
pour me servir d'une expression consacrée, à imprimer
leur *signature* les uns sur les autres, les astres sur les animaux et les plantes, ceux-ci sur les métaux, et en géné-

ral l'âme sur les organes, l'esprit sur la matière. Dieu, créateur de la nature, habitait au-dessus d'elle, sans cesser de lui verser sa lumière et sa force, sa sagesse et sa puissance. Tout ce qu'elle renferme était *signé* de son nom. L'homme, image de Dieu et résumé de la création demeurait libre au milieu de ce travail universel, dont il cherchait à surpendre tous les secrets, et qu'il imitait pour son usage, en même temps qu'il y trouvait, pour des facultés plus élevées, un objet de sublimes contemplations.

Telle fut l'alchimie à son dernier période de développement, bien qu'elle restât toujours, pour la foule obscure des adeptes et dans la pensée de la multitude, l'art de convertir les métaux. Ce n'est pas en un jour qu'elle a atteint cette hauteur. Ce n'est pas une seule main qui l'y a portée. Mais l'homme à qui elle doit le plus, le premier qui ait coordonné ses principes en système, et, non content de les avouer ou de les pratiquer pour son compte, ait tenté de les introduire dans l'enseignement public, à la place des vieilles doctrines, c'est Paracelse. Il est donc juste que nous nous arrêtions devant ce hardi réformateur, qui, après avoir inspiré une admiration fanatique et des haines implacables, devenu l'objet d'un dédain immérité, attend encore une appréciation calme et impartiale.

Théophraste Paracelse sont les noms sous lesquels il
s'est rendu célèbre ; mais ce sont des noms d'emprunt,
comme les savants de cette époque en prenaient souvent
pour frapper l'imagination de la foule et chatouiller leur
propre vanité. Je soupçonne fort, quoique le fait, à la
distance où nous sommes, soit difficile à vérifier, qu'il
n'avait pas plus de droits au titre et au blason des Ho-
henheim, une ancienne et très noble maison dont il se
prétendait issu. Il s'appelait Philippe Bombast ; et
comme son père, pauvre médecin de village, s'était déjà
occupé d'alchimie, c'est de lui sans doute qu'il reçut,
par allusion au grand œuvre, le surnom d'Auréolus. Il
naquit, en 1493, à Einsiedeln, ou Notre-Dame des Er-
mites, dans le canton de Schwitz, et non pas, comme on
l'a dit par erreur, à Gaïss, dans le canton d'Appenzel :
car lui-même, dans ses écrits, se nomme quelquefois
l'hérésiarque, l'âne sauvage d'Einsiedeln. Après avoir
reçu de son père et de deux fameux alchimistes du temps
l'abbé Tritheim et Sigismond Fugger, les premières no-
tions du grand art, il se mit à voyager, gagnant sa vie
tantôt en chantant des psaumes dans les rues comme
Luther avait fait, tantôt en prédisant l'avenir par l'astrologie, la chiromancie et l'évocation des morts ; tantôt en
échangeant contre un morceau de pain le secret de faire

de l'or. Il parcourut ainsi toute l'Europe, du nord au
midi et de l'est à l'ouest. Il assure même avoir été à
Constantinople, et avoir poussé de là ses pérégrinations
aventureuses jusqu'en Tartarie et en Égypte, afin de remonter à la source de la science hermétique. Mais
l'exercice des arts imaginaires n'était pour lui qu'un
moyen d'augmenter ses connaissances réelles. Il visitait
en passant les plus célèbres universités de la France, de
l'Italie et de l'Allemagne ; il étudiait dans les mines de la
Bohême et de la Suède la minéralogie et la métallurgie ;
et, se préparant dès lors à l'exercice de la médecine, il
comparait avec l'enseignement officiel des facultés, l'expérience naïve du peuple, les recettes des vieilles femmes
et des barbiers de village. Après avoir mené cette vie
errante pendant dix ans, n'ouvrant pas un livre, mais
cherchant la vérité dans la nature et dans la parole vi-
vante de ses semblables, il retourna en Allemagne, où sa
réputation d'habileté et de savoir le plaça bientôt au
premier rang parmi les médecins. Comme il promettait
de guérir des maladies jusque-là jugées incurables, on
venait de tous côtés le consulter ; car souvent la douleur
ne cherche qu'à se tromper elle-même, et sait gré à
l'homme de l'art de lui laisser l'espérance. Paracelse
eut l'honneur de compter parmi ses clients Erasme et

Œcolampade. C'est sur la recommandation de ce dernier qu'il fut appelé, en 1526, à l'université de Bâle,
comme professeur de physique et de chirurgie. Rien ne
le peint mieux que la manière dont il prit possession de
sa chaire. Dès son entrée dans l'amphithéâtre, où se
pressait une foule impatiente de l'entendre, il réunit en
forme de bûcher les différents livres qui servaient alors
de texte à l'enseignement de la médecine, puis, y ayant
mis le feu, il les regarda tomber en cendre et s'envoler
en fumée. C'était, dans sa pensée, une ère qui venait
de finir, une autre qui venait de commencer.

Après un tel début, il ne lui restait rien à ménager.
Aussi ne met-il point de bornes à son enthousiasme de
réformateur et à son orgueil de savant ; l'un et l'autre
lui troublent la tête comme les fumées de l'ivresse. « Ce
n'est pas à moi, écrivait-il dans la préface d'un de ses
ouvrages (1), et probablement il tenait le même langage
devant ses auditeurs, ce n'est pas à moi de marcher
derrière vous, c'est à vous de marcher derrière moi. Suivez-moi donc, suivez-moi, Galien, Rhasès, Montagnana
Mesueh, etc., suivez-moi ! Et vous aussi, messieurs de
Paris, de Montpellier ; vous de la Souabe, vous de la

1. Préface du livre *Paragranum*, dans le tome II, p. 10, de
l'édition allemande de Huser ; 10 vol. in-4°; Bâle 1589-91.

Misnie, vous de Cologne, vous de Vienne, et tout ce qui habite les plaines du Danube, les bords du Rhin, les îles de la mer ; toi Italien, toi Dalmate, toi Athénien, toi Grec, Arabe ou Israélite, suivez-moi ! Je suis votre roi, la monarchie m'appartient ; c'est moi qui gouverne et qui dois vous ceindre les reins. » Un peu plus loin il écrit : « Oui, je vous le dis, le poil follet de ma nuque en sait plus que vous et tous vos auteurs ; et les cordons de mes souliers sont plus instruits que votre Galien et votre Avicenne, et ma barbe à plus d'expérience que toutes vos universités (1). »

On a prétendu que Paracelse, en le prenant de si haut avec la science de son temps, méprisait ce qu'il ne connaissait pas, et l'usage qu'il adopta de faire ses leçons et d'écrire ses ouvrages en allemand a fait croire que le latin même lui était étranger. Ces suppositions sont dénuées de fondement. Lorsqu'on a eu le courage de vivre quelque temps avec lui, on voit que Paracelse n'ignore absolument rien de ce qu'on enseignait communément dans les universités du XVIᵉ siècle ; qu'il parle avec beaucoup de sens de Pline, de Quintilien, d'Aristote, de Platon et des anciens en général ; et que les livres latins, les phrases latines de sa façon qui sont incorporées dans

1. *Ubi supra*, p. 18.

ses œuvres allemandes peuvent passer généralement pour innocentes devant la grammaire. Mais sa prétention, est de ne rien devoir à ce passé avec lequel il veut en finir, et d'être un génie complétement original qui, formé par la nature, s'adresse aussi à ceux qu'une fausse éducation n'a pas gâtés, aux esprits simples et droits, aux gens du peuple. De là le mépris qu'il affecte pour les livres, le soin qu'il met à n'en avoir presque pas dans sa maison, et l'ignorance dont il se vante souvent avec non moins d'orgueil et aussi peu de fondement que de sa science. De là, cette prédilection pour la langue vulgaire, dont nous trouvons aussi un exemple chez Descartes : car le recueil de ses prétendues œuvres latines n'est qu'une imitation décolorée où l'on ne saurait le reconnaître. Encore, comment le parle-t-il, comment l'écrit-il, cet idiôme informe de l'Allemagne du XVIᵉ siècle ? Avec une rudesse d'accent, avec une grossièreté d'images que l'on ne trouve plus que rarement chez les paysans des cantons de Schwitz et de Bâle-Campagne, et aussi avec un luxe de néologismes pédantesques dont la tradition s'est beaucoup moins perdue de l'autre côté du Rhin.

Paracelse ne resta qu'un an à l'université de Bâle, où sa parole, après avoir excité l'étonnement et attiré une affluence extraordinaire, ne s'adressa plus qu'à un petit

nombre de croyants, résolus à le suivre jusqu'au bout.
Ce rapide déclin s'explique aisément par la nouveauté
des idées de Paracelse et la barbarie de son langage,
peu propres à former des docteurs selon les règles éta-
blies. La passion dégradante dont il fut pris subitement
pour le vin, après vingt-cinq ans d'une sobriété toute
musulmane, dut aussi y contribuer : car, s'il faut en
croire un témoignage très respectable, celui d'Oporin, le
célèbre imprimeur qui fut pendant deux ans son secré-
taire, il était souvent à moitié ivre quand il montait dans
sa chaire ou qu'il se rendait au lit des malades, et même
quand il dictait ses nombreux ouvrages. Enfin, s'étant
brouillé avec les magistrats, qui dans un procès contre
un de ses clients avaient prononcé contre lui quand il
avait évidemment le droit de son côté, il se décida brus-
quement à quitter la ville. Mais ce qui a surtout provoqué
cette décision, c'est le goût de Paracelse pour les voyages, et la conviction, souvent exprimée dans ses écrits,
qu'il n'y a pas de meilleure école pour apprendre la vérité. « Celui-là, dit-il (1), qui veut amasser de vraies connaissances, doit fouler à ses pieds tous les livres et se
mettre à voyager : car chaque contrée qu'il parcourra

1. *Quatrième défense en faveur de la nouvelle médecine*, tome I,
p. 135, édition citée.

est une page de la nature. Le médecin, particulièrement, recueillera un grand fruit des voyages. Quiconque veut connaître un grand nombre de maladies doit voir beaucoup de pays : Plus loin il ira, plus il gagnera en expérience et en science. »

En effet, à peine est-il sorti de Bâle, que nous le retrouvons reprenant sa vie errante, en 1528 à Colmar, en 1529 à Nuremberg, à Saint-Gall en 1531, à Augsbourg en 1536. Il habite tour à tour, pendant les dix années suivantes, les villes principales de la Moravie, de la Hongrie, la capitale de l'Autriche, la petite ville de Villach, en Carinthie, ancienne résidence de son père, et finalement Salzbourg. C'est là, dans l'hôpital de Saint-Étienne, qu'en 1541, après avoir légué ses biens aux pauvres, il termina à quarante-huit ans, sa carrière laborieuse et agitée. Il laissait, comme je l'ai dit, des disciples fanatiques et des adversaires, ou plutôt des ennemis acharnés. Il laissait une réforme qui continue encore, si l'on veut bien y regarder, et que ses ennemis même ont été obligés de subir dans ce qu'elle a d'essentiel. Il laissait des œuvres dont les titres seuls rempliraient plusieurs pages, et qui recueillies d'une manière fort incomplète, ne forment cependant pas moins de dix volumes in-4°, dans l'édition allemande de Huser. Évidemment,

celui dont l'intelligence, dans un intervalle aussi court et
dans les circonstances qui viennent d'être racontées, a pu
produire de tels effets, n'était pas un homme ordinaire.

Malgré cela, quand on s'arrête à la première impres-
sion que font naître la vie et les écrits de Paracelse,
on ne peut s'empêcher de voir en lui un aventurier et
un charlatan. Mais lorsqu'après avoir jeté un coup d'œil
sur ses contemporains on revient à lui avec un esprit
libre de prévention, on se laisse gagner à une opinion
toute différente. Le charlatanisme, la jactance, la plus
grossière superstition mêlée à l'audace et à l'incrédulité
même, le goût des aventures dans l'ordre des idées
comme dans celui des événements : ce sont les traits
qui composent en quelque sorte la physionomie générale
des philosophes et des savants de la renaissance ; on les
trouve également dans Cornélius Agrippa, dans François Patrizzi, Jérôme Cardan, Jordano Bruno, Vanini,
Campanella, et à plus forte raison chez les alchimistes
de profession, les Van Helmont et les Robert Fludd.
Comme des écoliers fraîchement émancipés, les esprits
de cette époque, à peine affranchis de la rude discipline
de la scholastique, usent avec emportement de leur
jeune indépendance, et l'agitation de leur pensée se
manifeste jusque dans leur vie intérieure. Pour être

équitable envers Paracelse, il ne faut donc point trop
insister sur les vices et les erreurs qui lui sont communs
avec son temps ; il faut l'étudier dans les qualités et
dans les pensées qui lui appartiennent en propre.

La première idée dont on est frappé en lisant les livres de Paracelse, c'est la liberté absolue qu'il réclame
pour la science dans la sphère qui lui appartient, et la
carrière infinie qu'il ouvre devant elle. Sur ce point, il
n'a pas été dépassé par les réformateurs modernes. La
science, pour lui, c'est la nature elle-même s'ouvrant
aux regards de l'homme, se réfléchissant dans son esprit,
tandis que Dieu se réfléchit en elle. Il lui arrive aussi de
la définir une révélation de Dieu à la lumière de la nature ; de sorte que toute autorité qui intervient entre
nous et les choses lui paraît une usurpation, un empié-
tement sur l'autorité divine. Mais il distingue, comme
notre cartésianisme a fait plus tard, entre l'ordre de la
science et celui de la foi, entre la philosophie naturelle
et la religion révélée : l'une remonte de la terre vers le
ciel, sur les ailes de la raison ; l'autre descend du ciel
sur la terre sur les ailes de la grâce. Identiques dans
leur essence, elles doivent se réunir dans l'homme sans
pourtant se confondre (1).

(1) *Astronomia magna* ou *Philosophie du macrocosme et du mi-
crocosme,* t. X, édit. cit.

La science, étant infinie comme la nature, réclame,
selon Paracelse, le concours du genre humain, et n'est
jamais le partage ni d'un seul homme ni d'un seul peu‿
ple. C'est une vérité qu'il appuie sur le témoignage de
l'expérience comme sur celui de la raison : car il a
observé que les hommes n'apportent en naissant ni les
mêmes aptitudes ni les mêmes inclinations pour les travaux de l'intelligence ; mais les uns réussissent dans
une branche des connaissances ou des arts, les autres
dans une autre : et cela est vrai des nations comme des
individus. Aussi Paracelse revient-il à cette occasion sur
son thème favori : le seul moyen de s'instruire est de
courir le monde (1).

De même qu'ils sont divisés dans l'espace, les dons de
l'intelligence et de la science sont divisés dans le temps.
Ils ne se transmettent pas simplement comme une tradition ; ils se développent et se perfectionnent d'une génération à l'autre, de telle sorte que non seulement les mêmes
arts, les mêmes sciences paraissent plus accomplis à
mesure qu'on s'éloigne de leur origine, mais qu'il s'en
forme tous les jours de nouveaux dont nos devanciers
n'avaient pas connaissance. La doctrine du progrès,

(1) *Liber paragranum; quatrième défense*, tome II, p. 135, édition citée.

si nouvelle à nos yeux, est enseignée par Paracelse dans les termes les plus clairs et avec une ardeur de foi à peine égalée par les philosophes du xviiie siècle. On cite très souvent cette pensée de Pascal qui, transportant dans l'antiquité l'enfance de l'esprit humain et sa vieillesse dans les temps modernes, nous montre toute la suite des hommes comme un même homme qui subsiste toujours et qui apprend continuellement. A part la beauté inimitable du langage, où Pascal n'a pas de devanciers ni de successeurs, quelle différence y a-t-il entre cette idée et celle que Paracelse exprime dans un passage que je vais traduire : « Il faut que tu considères que nous tous tant que nous sommes, plus nous vivons longtemps, plus nous devenons instruits, et plus Dieu met de siècles à nous instruire, plus il donne d'étendue à nos connaissances ; plus nous approchons du jugement dernier, plus nous croissons en science, en sagesse, en pénétration, en intelligence : car tous les germes déposés dans notre esprit atteindront à leur maturité ; en sorte que les derniers venus seront les plus avancés en toutes choses, et que les premiers le seront le moins. Alors seulement on comprendra ces paroles de l'Évangile : les premiers seront les derniers (1) ».

(1) *Liber de inventione artium*, t. IX, p. 174, édit. cit.

3

Faisant l'application de ce principe à la profession qu'il a choisie, Paracelse ouvre aux douleurs et aux infirmités humaines un vaste champ d'espérance. « Ne dis pas, s'écrie-t-il (1), qu'une maladie est incurable; dis que tu ne peux pas et que tu ne sais pas la guérir. Alors tu éviteras la malédiction qui s'attache aux faux prophètes; alors on cherchera, jusqu'à ce qu'on le trouve, un nouveau secret de l'art. Le Christ a dit : Interrogez l'Écriture. Pourquoi donc n'interrogerait-on pas la nature aussi bien que les livres saints ?

Le but immédiat que se propose Paracelse est la réforme de la médecine, alors partagée, comme il nous l'apprend (2), entre l'empirisme, la superstition et la routine de l'école. Le premier n'employait que des spécifiques, dont il ne connaissait ni les principes ni la manière d'agir, ni les rapports avec l'organisme. La seconde n'avait recours qu'aux talismans et aux évocations. Enfin la dernière, servilement attachée à Galien et aux Arabes, ne sortait pas du cercle étroit des qualités purement physiques, le chaud, le froid, le sec et l'humide, sur les-

---

(1) *Première défense en faveur de la nouvelle médecine*, tome II p. 125, édit. cit.

(2) *Paramirum de quinque entibus omnium morborum*, tome I, page 3, édit. citée.

quelles se fonde le fameux axiome, bien contesté aujour-
d'hui : Les contraires doivent être combattus par les
contraires, *Contraria contrariis.* Paracelse, au moyen de.
l'analyse chimique et du raisonnement tout ensemble, entreprend de mettre à nu les vrais principes, les éléments
irréductibles de notre organisation et des substances capables de la modifier, soit en bien, soit en mal. Lui,
qu'on représente ordinairement comme le type de l'empirisme, il flétrit le médecin empirique des épithètes de
bourreau et d'assassin (1). Il ne veut pas non plus qu'on
s'en tienne à la théorie pure. « Une théorie, dit-il (2),
qui n'est pas démontrée par l'expérience, ressemble à un
saint qui ne fait pas de miracles. » Mais dans quelle mesure la théorie doit-elle être associée à l'expérience ? A
quelle hauteur de la spéculation faut-il chercher les principes pour en comprendre les effets et nous en approprier l'usage ? C'est ici que Paracelse, méconnaissant
toute mesure, se perd dans l'immensité, tout en la sil-
lonnant de brillantes lueurs.

On réussirait bien mal, selon lui, à éclairer les mystères de l'organisation humaine si on l'isolait des corps qui
agissent sur elle et dont l'ensemble compose notre mon-

(1) *Le livre paragaranum,* t. II, p. 56, édit. cit.
(2) *Ubi supra.*

de sublunaire. Ce monde, avec tout ce qu'il renferme, hommes, animaux, minéraux, plantes, est subordonné au reste de l'univers, et principalement aux sphères les plus proches, au soleil et aux planètes. Qui oserait nier l'action du soleil sur nous-mêmes et sur tout ce qui nous entoure? Eh bien! l'on ne peut pas dire que des astres encore plus voisins de nous, et les corps célestes en général, n'exercent pas sur notre terre une influence aussi réelle, quoique moins sensible. Enfin, tous ces corps ne subsistent, ne se meuvent et n'agissent les uns sur les autres que par certaines forces intérieures, certains principes actifs et invisibles qui, eux-mêmes, ne sont que les ministres de la puissance et de la raison divines, toujours présentes dans les choses. La médecine ne peut donc pas se détacher de la science universelle de la nature, que Paracelse, pour le but particulier qu'il se propose, divise en trois parties et, pour ainsi dire, en trois zônes : la philosophie, l'astronomie et l'alchimie. Si l'on y ajoute la pratique de la morale ou la vertu, indispensable, selon lui, à qui veut exercer l'art de guérir, on aura ce qu'il appelle les quatre colonnes de la médecine.

On a dit que la philosophie de Paracelse était toute panthéiste : rien de plus inexact. Le panthéisme confond Dieu et la nature. Paracelse les distingue, et confesse

hautement le dogme de la création. Le panthéisme fait
de l'âme une idée du corps, soumise comme lui aux lois
invariables de la nature, ou un mode fugitif d'une pensée
universelle qui n'appartient à aucun être pensant. Paracelse voit dans l'âme humaine un être libre qui domine
la nature, tout en l'imitant, bien plus grand, dit-il, que
les astres, et que Dieu, après l'avoir créé, conduit et
éclaire, non en se substituant à lui, mais en lui laissant la
tâche de féconder par le travail des germes divins con-
fiés à son intelligence. Mais il est vrai que, dans la nature distinguée de son auteur, Paracelse maintient l'u-
nité de substance, empruntée à la kabbale et aux écoles
d'Alexandrie. Il admet, sous le nom de *grand arcane* ou
de grand mystère (*mysterium magnum*), une matière première, invisible, active, d'où sont sortis avec ordre, à la
voix de Dieu, tous les corps simples et composés, les
éléments, les astres, les minéraux, les plantes, les animaux, et enfin le corps humain, la plus savante composition de l'être suprême, le résumé et l'image de l'univers ; car il est formé avec tous les éléments et avec
toutes les forces de la création (1). Il est vrai aussi qu'au-
dessous de l'âme humaine, à une distance infranchissa-

· (1) *Astronomia magna* ou *philosophie du macrocosme et du mi-
crocosme*, t. X de l'éd. cit.

ble, il reconnaît, sous le nom d'esprit, un principe actif
d'organisation, de conservation et de vie pour chaque
corps, et même pour chaque organe du corps humain :
esprit animal, vital, séminal, archée, dans les animaux ;
esprit végétal dans les plantes ; esprit du sel, du soufre
et du mercure dans les minéraux, ou principe de la con-
crétion, de la combustion et de la fusibilité dans la matière brute, dans ces éléments mêmes qui passaient, depuis Empédocle, pour des corps indécomposables. Tous
ces esprits, ou arcanes particuliers, comme Paracelse
les appelle quelquefois, ne sont que les divers états ou
transformations de plus en plus obscures du grand arcane (1).

Ce que Paracelse appelle l'alchimie n'est que le développement et l'application nécessaire de sa philosophie.
L'alchimie, pour lui, n'est plus l'art de faire de l'or, mais
d'approprier à notre usage, par une suite d'opérations
imitées de la nature, tout ce qui peut nous être utile :
car, « la nature, dit-il (2), est le premier et le plus grand
de tous les alchimistes : la transformation des corps n'est

---

(1) *Ubi supra ; Philosophia ad Athénienses*, tome VIII, p. 1 et
suiv., édition citée.
- (2) *Le livre Paragranum*, chap. III, dans le tome II de la
même édit.

pas autre chose que la vie (1). « Tout homme devient un alchimiste, qui prend la nature pour modèle, qui, s'emparant des principes qu'elle met en œuvre et les employant de la même manière, les fait servir à nos fins.

·On aperçoit sur-le-champ les rapports qui existent entre ce système et la réforme médicale de Paracelse. Les principes les plus actifs des corps, dégagés par l'analyse et substitués aux corps eux-mêmes dans le traitement des maladies : les combinaisons chimiques mises à la place des mélanges repoussants employés jusqu'alors ; la force organique et vitale de la nature invoquée de préférence à la force mécanique des instruments, ou à l'intervention redoutée du fer et du feu ; enfin l'observation, l'examen des principes, au lieu d'une routine aveugle ; tels sont les principaux traits de cette réforme qui a, en quelque façon, spiritualisé l'art de guérir, et qui, ramenée de ses excès, inévitables conséquences d'une révolution, poursuit son chemin encore aujourd'hui.

Que Paracelse ait été moins heureux en appelant l'astronomie au secours de la médecine, on le conçoit sans

(1) *Philosophia ad Athénienses*, quatrième texte, tome VIII, édition citée.

peine ; car s'il est vrai, en thèse générale, que toutes
les parties de l'univers soient liées entre elles et agissent
les unes sur les autres, il est cependant impossible de
définir ces rapports et d'en faire aucun usage, s'ils ne
tombent pas sous l'observation ou sous les lois du cal-
cul. Aussi lui arrive-t-il plus d'une fois de confondre
l'astronomie avec l'astrologie, et de retomber dans ces
pratiques superstitieuses qu'il a voulu détruire par l'observation de la nature. Ce qu'il dit de la ressemblance
des astres avec les germes des êtres vivants, de celle de
notre sphère planétaire avec la structure du corps humain
et des *signatures*, propres à nous découvrir, par la con-
formation extérieure des choses, leurs propriétés et leurs
principes les plus secrets; toute cette partie de son système, quoique pleine d'imagination, souvent de vues ori-
ginales, est d'un homme qui rêve ou qui parle dans
l'ivresse, non d'un esprit qui médite et qui pense. C'est
sans doute aussi dans un de ces moments fréquents de
divorce avec la raison qu'il a dicté à un de ses secrétai-
res son petit Traité des nymphes, des sylphes, des gno-
mes et des salamandres (1), et qu'il a écrit de sa propre
main quelques pages, expression du plus haut degré de

(1) *De Nymphis, sylphis, pygmæis et salamandris*, t. IX, pag. 45
de l'édit. cit.

délire, pour prouver que certains êtres semblables à nous
et connus dans la langue de l'alchimie sous le nom d'*ho -
moncules*, peuvent naître en dehors des voies de la
nature (1).

Malgré ces écarts, Paracelse n'en est pas moins un
des génies les plus vigoureux et les plus originaux d'une
époque féconde en grandes intelligences. Il a ressuscité
par la philosophie et régénéré par le spiritualisme les
sciences naturelles, particulièrement celle du corps humain, abandonnée depuis des siècles au hasard et à la
routine ; il leur a ouvert une carrière infinie de conquêtes
et d'espérances que l'imagination n'avait osé chercher
qu'en dehors de la nature ; il est peut-être le premier qui
ait énoncé clairement, et avec une conviction réfléchie,
ce principe de la perfectibilité humaine que confirment
chaque jour, dans le domaine des sciences et de l'industrie, de nouveaux triomphes de l'esprit sur la matière,
et que, malgré toutes les apologies du passé, la société
moderne garde dans sa conscience comme une religion.
Sans doute, ce n'est pas un Galilée, un Bacon, ni un
Descartes ; mais il leur a ouvert la voie en rappelant la
raison humaine au sentiment de sa force et de sa liberté.

Quant à l'alchimie, son histoire nous présente un en-

(1) *De homunculis et monstris, ubi supra*, p. 311.

seignement plein d'intérêt ; elle nous montre comment le désir et l'imagination nous frayent peu à peu une route vers la science. D'abord on souhaite ardemment la santé et la fortune. Quoi de plus spontané et de plus naturel ? Bientôt, en réalisant ce vœu par la pensée, on rêve la transmutation des métaux et l'élixir de longue vie. La curiosité et l'action s'en mêlent ; on veut s'assurer s'il n'y aurait rien de fondé dans ce rêve ; on interroge la nature, on la fouille au hasard, on la tourmente en tous sens, et l'on trouve ce qu'on ne cherchait pas, ou bien plus qu'on ne cherchait, tout un ordre de connaissances nouvelles d'où nous saurons tirer d'inépuisables trésors. Quel motif d'indulgence envers le passé et d'espérance pour l'avenir !

FRANCK, de l'Institut.

L'OR ARTIFICIEL

TRANSMUTATION DES MÉTAUX

INTRODUCTION

Il n'appartient point à un simple ouvrier de la science tel que moi, de prétendre faire dans cette introduction de la science pure ; exposer quelques faits nouveaux, les rapprocher d'autres faits antérieurement connus, mettre en évidence la liaison qui les unit pour constituer la branche toute nouvelle de la science qui prendra rang désormais sous le nom de TRANSMUTATION DES MÉTAUX : c'est à quoi je dois me borner. Les faits, du moins les faits satisfaisants et en nombre suffisamment respectable, manquent et probablement manqueront longtemps encore.

Les faits naturellement nous arrivent bien moins vite que les idées nouvelles, quant aux hypothèses plus ou

moins plausibles sur les métamorphoses des corps métalliques les uns dans les autres. C'est que les faits ne
peuvent se conquérir que par un labeur très-long, tres-
pénible, très-dispendieux ; le temps manque toujours,
et le temps, c'est l'existence, c'est la vie, c'est tout.
Pour moi, si j'espère arriver promptement à faire accepter au monde ma découverte, qui doit être, après
tout, l'une des gloires de notre siècle auquel elle don-
nera le moyen de composer et décomposer les corps à
volonté, c'est par la persévérance, c'est par le concours
et l'appui des hommes éclairés, des hommes d'avenir.

Remarquons d'abord combien, par cette découverte,
les trois règnes, qui ne devraient en réalité en faire
qu'un, sont rapprochés et rattachés l'un à l'autre. La
dénomination d'*êtres inorganiques* me semble éminem-
ment impropre ; ces êtres ont, eux aussi, leurs organes ;
ils n'aspirent qu'à se perfectionner, à vivre de leur manière, en passant d'âge en âge par diverses stations plus
ou moins prolongées. La durée de ces stations dépend
des circonstances plus ou moins favorables au développement de ce que je nommerai les *individualités minérales*, jusqu'à ce que celles-ci arrivent à leur dernier degré de perfection, pour renaître sous une autre forme,
après avoir dépassé cette limite, et venir alors en aide,

elles aussi, à la perfectibilité de ces premières individualités.

L'azote, ce corps indispensable à l'accroissement des
êtres des deux règnes animal et végétal, doit aussi jouer
un rôle important dans celui des êtres du règne minéral.
Et qui nous dit que l'azote n'est pas également indispensable à la perfectibilité de tout cet ordre d'êtres ? Ne
peut-il pas agir sur eux par sa seule présence? Ces points
seront sans doute ultérieurement éclaircis par l'expérience.
Tout cet ensemble indique les rapports intimes entre
tous les différents corps ; il rend sensible la force inconnue qui régit tous les êtres ; il mène invinciblement à ce
qui sera le dogme incontesté de la science dans l'avenir :
l'*unité de la matière*. Ce dogme dès à présent admis
tacitement par les savants de bonne foi, est en effet le
seul conforme à l'unité de Dieu ; chaque nouveau pas en
avant de la science nous révèle de nouveaux aspects de
la toute puissance par laquelle tout subsiste dans l'univers.

Je ne pense pas qu'il soit possible de sitôt de parvenir
à démontrer séance tenante que les métaux sont des corps
composés, et d'en donner immédiatement la démonstration par l'analyse et la synthèse ; il faudra longtemps s'en
tenir à des expériences de longue haleine, exécutées en

présence de forces peu développées, mais d'une action longuement prolongée; il faudra même faire intervenir les masses pour arriver à la preuve *de fait* de la composition des métaux. Mais une fois qu'on tiendra la clé du système de combinaison des forces, la durée des expériences pourra être singulièrement abrégée; car rien n'empêchera d'en modifier les formes à l'infini. Jusque-là, allons doucement, ne demandons pas trop à la fois à nos expériences, c'est l'unique moyen d'approcher du but et de l'atteindre sans frais ruineux; on risque au contraire d'en perdre tout le fruit en voulant aller trop vite; j'en puis parler avec connaissance de cause, car c'est ce qui m'est arrivé à moi-même.

Mon intention est de consacrer quelques séances publiques à l'exposé de mes travaux sur la transmutation des métaux; j'y soumettrai à mes auditeurs l'or artificiel que j'ai obtenu, j'y développerai les faits relatifs à ma découverte avec tous les détails, de nature à jeter du jour sur le phénomène de la transmutation en or pur de l'argent allié.

J'aurais usé depuis longtemps de ce moyen de publicité et de propagation, si j'avais obéi seulement à mon vif désir d'augmenter le nombre des hommes pénétrés comme moi des vérités de la transmutation des métaux.

Mais le moment ne me semblait pas arrivé ; aucun écho n'aurait répondu à ma voix. Aujourd'hui, des savants connus et honorés du public ont eu la hardiesse (car c'en est une très grande) d'affirmer la possibilité de la transmutation des métaux, d'où découle forcément celle de la composition, et l'aveu implicite de l'unité de la matière ; je n'ai jamais prétendu autre chose. Je crois donc avoir en ce moment ce qui m'avait manqué à mon début, des chances pour réunir un auditoire et pour m'en faire écouter. Que, par ce mode de publicité, je fasse faire seulement quelques pas en avant à la science de la transmutation des métaux, et ma peine sera largement récompensée.

Quant à mes motifs pour livrer à la curiosité publique la série de mes précédents mémoires sur cette matière, le plus puissant de ces motifs réside dans les demandes qui me sont journellement adressées par écrit, par ceux qui désirent avoir cette série complète ; je pense être à la fois utile et agréable à cette portion du monde savant qui veut bien y prendre intérêt, en réunissant mes Mémoires dans l'ordre selon lequel ils ont été présentés à l'Académie. D'ailleurs, les expériences que je continue sans interruption exigent, pour la plupart beaucoup de temps. Les résultats de mes nouveaux travaux, à mesure que je les réaliserai, seront successivement communiqués à l'Académie; ils formeront une seconde série de mémoires.

J'ai lieu de conserver l'espoir fondé que la commission, composée de MM. Thénard, Dumas et Chevreul, chargée d'examiner mes opérations, ne tardera pas à faire son rapport, et qu'elle me viendra puissamment en aide pour la continuation de mes expériences.

On me dit: si cette découverte de la transmutation des métaux pouvait être vraie, ce serait un grand malheur public. Je ne puis laisser passer cette objection; je dois y répondre dans l'intérêt même de ma découverte.

D'abord, je comprends à peine comment des raisonnements de cette nature osent se produire en plein XIXᵉ siècle. Si la production artificielle des métaux précieux peut amener quelques perturbations dans les transactions, cet inconvénient sera compensé par d'incalculables avantages.

Les modifications qui peuvent en découler seront graduelles, comme le sont sous nos yeux celles qui résultent des milliards déjà versés dans la circulation par les placers de la Californie et de l'Australie; la production de l'or, dans ce dernier pays, est *officiellement* évaluée pour 1854, à 8 *millions par semaine*, soit 416 millions par an ! Quels troubles, quels désastres publics peut-on signaler comme produits par cette surabondance de l'un des signes représentatifs de la richesse ? Il en sera de même des conséquences de la transmutation, le jour inévitable, prochain peut-être, où elle pourra s'effectuer par des procédés économiques et rentrer dans les conditions ordinaires de la chimie industrielle. On peut, au surplus, s'en rapporter avec toute sécurité aux mesures à prendre, le cas échéant, par un gouvernement éclairé pour sauvegarder tous les intérèts.

Que n'a-t-on pas objecté dans l'origine aux applications de la vapeur ? Nous en voyons pourtant de jour en jour grandir les immenses avantages ; nous la voyons vivifier de plus en plus toutes les branches de l'industrie et du commerce, porter sur tous les points du globe l'activité, le bien-être, la vie ; et la vapeur n'a pas dit son dernier mot ; et, d'une heure à l'autre, elle peut être passée, débordée, remplacée. J'en dis autant de l'électricité. Pourquoi ceux qui redoutent la production artificielle des métaux, ne s'épouvantent-ils pas de l'électricité, de cette force magique qui transmet l'échange de la pensée avec une rapidité cent fois supérieure à celle des vents ? et les applications de l'électricité n'en sont qu'à leur début ; elles doivent enfanter bien d'autres prodiges !

4

La transmutation des métaux aura donc son tour, sans plus de difficultés, sans résultats plus réellement dangereux. On peut défier l'esprit le plus profond, l'intelligence la plus vive et la plus pénétrante, de prévoir tout ce que cette découverte peut produire. Dans l'industrie, elle apportera d'importantes améliorations, les métaux facilement oxydables pouvant être remplacés par ceux qui s'oxydent difficilement ; on comprend ce qu'y gagneraient nos ustensiles de ménage en salubrité comme en propreté. Les sciences, la médecine, la physique, la chimie, sont appelées toutes également, chacune dans ses attributions, à répandre sur l'humanité, comme conséquences de la transmutation des métaux, des bienfaits sans nombre conquis par le seul effort de l'esprit humain luttant victorieusement contre les forces brutes de la nature.

Notons soigneusement un fait capital qui doit se produire avant même que tout cet avenir puisse être réalisé. La propriété foncière va prendre une valeur réelle, plus solide et plus stable que précédemment ; quand les métaux précieux seront démonétisés, cet accroissement de valeur de la propriété foncière se produira de lui-même.

Pourquoi les gouvernements, une fois que la production illimitée de l'or et de l'argent aura commencé à entrer dans le domaine des frais accomplis, n'accorderaientils pas une prime à la propriété foncière, comme ils en accordent une aux métaux précieux ? Ce serait à bien plus juste titre; car, la propriété foncière, base fondamentale du commerce et de l'industrie, de la tranquillité, du bien-être général et de la prospérité publique, a bien plus de droit que l'or et l'argent dont elle devrait tenir la place, à représenter à elle seule toutes les valeurs. Qu'est-ce, après tout, pour l'homme affamé, par exemple, qu'un lingot d'or et d'argent, s'il ne peut l'échanger contre ce qui se mange ? En temps de famine, le possesseur du blé est assurément plus riche que le détenteur de l'or ; le premier se passe du second, qui ne peut, lui, se passer du premier. La valeur des métaux précieux n'est que du second ordre ; elle est, sous certains rapports, purement factice et imaginaire. Du jour où ils cesseront d'être reconnus comme ayant une valeur constante et légale, cette valeur s'évanouira; l'or et l'argent n'auront plus qu'une valeur sujette à la hausse et à la baisse selon les mêmes circonstances qui affectent toutes les valeurs industrielles. La propriété foncière la moins sujette de toutes à ces variations, est pour cela même la plus apte à représenter toutes les valeurs.

L'agriculture profitera largement de la transmutation des métaux ; elle occupera les bras rendus disponibles

par la réduction du nombre de ceux employés aux mines ;
elle attirera à elle par l'attrait des salaires plus élevés
qu'elle pourra payer en raison de la plus grande stabilité de la propriété foncière, les bras intelligents qui dé-
sertent aujourd'hui les campagnes pour venir dans les
villes encombrer les avenues de toutes les carrières industrielles ; l'espace me manque pour compléter cet
aperçu du bien social découlant des applications de la
transmutation des métaux.

J'ai maintenant quelques mots à adresser aux jeunes
gens qui voudraient se livrer à des expériences dans cette
voie. Le problème, qu'ils le sachent bien, est des plus
ardus ; la solution peut être lente et laborieuse. Bien que
plusieurs fois j'aie réussi à résoudre une partie du problème par la transmutation en or pur de l'argent allié,
j'éprouve encore des difficultés graves pour répéter cette
expérience. Je ne puis donc trop engager ceux qui se
mettront à l'œuvre, à procéder avec prudence, à ne pas
hasarder à la fois tous leurs moyens d'action, s'ils ne veulent s'exposer à des tourments sans nombre, aux déceptions les plus amères, à la perte de leur liberté, de leur
repos. Ce n'est pas, direz-vous, le moyen d'aller vite :
rien n'est plus vrai. Mais aussi, la voie que j'indique est
la moins scabreuse, la moins périlleuse de toutes ; c'est la

seule que doive suivre l'homme guidé par une sage pré-
voyance. Ne consacrez donc à vos expériences que ce
que vos moyens vous permettent de risquer ; vous pour-
rez ainsi les continuer plus longtemps et vous donner, par
cela seul, plus de chances pour arriver au but, sans excès
de dépenses. Si vous sacrifiez, au contraire, tout votre
avoir par trop d'impatience, si, dans votre précipitation,
vous multipliez inconsidérément les expériences coup sur
coup, qu'arrivera-t-il ? Vous aurez risqué de tout perdre
sans arriver à rien ; le désespoir vous prendra, et qui sait
où il peut vous conduire ? Conservez donc précieusement
tout votre courage, et gardez-vous de vous laisser entraî-
ner par quelque succès partiel. Que n'ai-je pas eu moi-
même de luttes à soutenir contre l'enthousiasme né de
mes premiers résultats ? J'aurais été capable, si je n'a-
vais réussi à me dominer, de tout sacrifier à ma découverte. Mais j'avais présents à la pensée les exemples que
tant d'inventeurs ont laissés ; leur triste histoire servit de
frein à mon ardeur. C'est ainsi que j'ai pu persévérer
dans mes travaux et poursuivre les conséquences de ma
découverte. Les moments que j'y consacre sont, je dois
l'affirmer, les plus doux de mon existence, et mon unique regret est de ne pouvoir donner une plus forte part
de mon temps à ces chères études.

La solution complète du problème est une œuvre noble et grande ; elle promet tout à celui qui l'accomplira :
honneur, gloire, fortune, la réalisation des espérances
les plus illimitées, des plus immenses désirs. Mais, entre
vous et ce résultat, attendez-vous à rencontrer des difficultés non moins grandes, proportionnées à la grandeur
du résultat lui-même : solution pour laquelle le mot *su-
blime* ne me semble pas exagéré, quand on en considère
les incommensurables conséquences.

Que cette solution soit possible, n'en doutez pas ; les
faits conquis par mes recherches en sont la preuve irrécusable.

Si mon propre témoignage ne semble pas suffisamment
exempt de préventions, qu'il me soit permis d'en alléguer
d'autres dont le poids en pareille matière ne peut être
contesté. Voici dans quels termes M. Victor Meunier,
l'éminent publiciste, rend compte de mes travaux, dans
la Presse du 24 juin 1854.

« Le prédécesseur immédiat de M. Tiffereau dans la
poursuite du grand œuvre, est (sauf erreur ou omission)
l'auteur d'une brochure qui parut en 1832 sous le titre :
l'*Hermès dévoilé*. Malgré les promesses du titre, l'auteur
se comporte en adepte ambitieux de mériter les éloges
adressés par Paracelse à ceux qui, ayant reçu communi-

cation des grands secrets de Dieu (*Magnalia Dei*), ont la prudence de les tenir cachés jusqu'à la venue d'Élie, l'artiste.

« M. Tiffereau, il faut d'abord lui rendre cette justice, est plus élémentaire que son prédécesseur. On voit tout de suite que ce n'est pas dans les *Œuvres d'Hermès*, dans le *Pimandre*, dans la *Table des sept chapitres*, dans la *Table d'Émeraude*, qu'il a cherché la clé mystérieuse de l'or. Il ne sera pas nécessaire qu'on fasse pour lui ce que *Aulendus* a fait pour Paracelse, un dictionnnaire des termes dont il s'est servi.

« Ancien élève et préparateur de chimie à l'école professionnelle de Nantes, s'il se rencontre avec les philosophes hermétiques, c'est parce qu'après avoir déversé sur elle tant de mépris, la *chimie* tend de nos jours à faire sa jonction avec l'*alchimie*. Ici, comme en tant d'autres circonstances, il paraît bien, en effet, que la science adulte finira par venger la pensée philosophique des outrages qu'une science à ses débuts lui a prodigués.

« La chimie n'est plus, sans doute, comme au temps de *Suidas*, l'art de composer l'or et l'argent ; mais elle s'intitule elle-même science des transformations de la matière. Elle admet comme principe fondamental, que les propriétés des corps sont liées à leur arrangement moléculaire. Elle dit avec Laurent : La forme, le nombre et l'ordre, sont plus essentiels que la matière (1). »

Sur la tombe encore ouverte de l'immortel créateur de la théorie de l'unité de composition organique, un chimiste disait : « Elle (cette théorie pénètre maintenant dans les sciences chimiques et y prépare peut-être une révolution dans les idées (2). » Et quelle nombreuse série de fait empruntés à la chimie minérale, à la chimie organique, à la cristallographie, nous pourrions invoquer à l'appui de cette pensée ? De là au principe même de la chimie, au principe de l'homogénéité radicale des métaux, ou, comme on dirait aujourd'hui de leur *Isomérie*, la distance encore infranchie ne paraît pas infranchissable. »

Dans ses leçons de philosophie chimique professées au collège de France, M. Dumas s'exprimait ainsi à propos de l'*Isomérie*, principe dont la découverte lui est due : « Serait-il permis, disait-il, d'admettre des corps simples isomères (3) ? » Cette question, vous le voyez,

1. Théorie des radicaux dérivés, page 5. — Extrait de la *Revue Scientifique et Industrielle*.
2. Paroles de M. Dumas.
3. M. Dumas nommait *corps isomères*, ceux qui ayant la même

touche de près à la transmutation des métaux. Résolue
affirmativement, elle donne des chances de succès à la
pierre philosophale. « Il faut donc, disait encore M. Dumas, consulter l'expérience, et l'expérience, il faut le
dire, n'est point en opposition jusqu'ici avec la possibilité de la transmutation des corps simples, au moins, de
certains corps simples. »

M. Louis Figuier, dans son livre sur l'alchimie et les
alchimistes, sans trancher la question de la transmutation
des métaux, ne se prononce pas contre et laisse visible-
ment apercevoir la possibilité de ce phénomène. Voici ce
qu'il dit à ce sujet : « Par un revirement étrange, et
bien de nature à nous inspirer de la réserve dans l'appréciation des vues scientifiques du passé, la chimie de nos
jours, après avoir, pendant cinquante ans, considéré
comme inattaquable le principe de la simplicité des métaux, incline aujourd'hui à l'abandonner. L'existence, dans
les sels ammoniacaux, d'un métal composé d'hydrogène
et d'azote, qui porte le nom d'*ammonium*, est aujour-
d'hui admise d'une manière unanime. On a réussi depuis
quelques années à produire toute une série de composés
renfermant un véritable métal, et ce métal est constitué

composition, ont des propriétés chimiques différentes. Ce mot
reçoit souvent une autre signification.

par la réunion de 3 ou 4 corps différents. Le nombre
des combinaisons de ce genre s'accroît chaque jour, et
tend de plus en plus à jeter du doute sur la simplicité des
métaux. » Concluons de cet examen que les faits empruntés à l'expérience offraient des caractères suffisants
de probabilité pour donner le change à l'esprit des obser-
vateurs, et autoriser ainsi leur croyance au grand phénomène dont ils poursuivaient la réalisation.

PREMIER MÉMOIRE

Présenté à l'Académie des Sciences dans la séance du 27 juin 1853.

Les métaux sont des corps composés.

A toutes les merveilleuses créations industrielles qui signaleront le XIXᵉ siècle à la postérité, je viens, humble et obscur ouvrier, apporter ma pierre pour l'édifice commun. La vapeur, l'électricité ont déjà changé la face du monde (et qui peut dire où s'arrêtera leur puissance?) ; mais il est d'autres mobiles de la richesse publique, et j'en viens signaler un dont la découverte changera bien des conditions de travail et effraiera par sa portée les esprits les plus hardis. Il ne faut pas moins, pour me décider à confier au public la découverte que j'ai faite, que la conscience de son importance et l'honneur qui jaillira sur mon pays d'avoir été le berceau d'une pareille invention.

J'ai découvert le moyen de faire de l'or artificiel, j'ai fait de l'or.

A cette annonce, j'entends déjà les clameurs des incrédules et les sarcasmes des savants ; mais aux uns et
aux autres, je répondrai : Écoutez et voyez.

Élève et préparateur de chimie à l'École professionnelle supérieure de Nantes en 1840, je m'adonnai surtout à l'étude des métaux, et, convaincu que cette partie
des sciences chimiques offrait un champ immense à mois-
sonner pour un homme d'observation, je résolus d'entreprendre un voyage d'exploration au Mexique, cette
terre classique des métaux. En décembre 1842, je par-
tis : et cachant mes travaux secrets sous l'abri d'un art
encore nouveau, le daguerréotype, je pus parcourir en
tous sens ces immenses contrées, ces placers, cette pro-
vince de Sonora, ces Californies qui, depuis, ont tant
fixé les regards du monde. C'est en étudiant les gisements des métaux, leurs gangues, leurs divers états physiques, c'est en interrogeant les mineurs et comparant
leurs impressions, que j'acquis la certitude que les métaux subissaient dans leur formation certaines lois, certains stages inconnus, mais dont les résultats frappent l'esprit de quiconque les étudie avec soin. Une fois placé à
ce point de vue, mes recherches devinrent plus ardentes,
plus fructueuses ; peu à peu la lumière se fit, et je compris l'ordre dans lequel je devais commencer mes tra-

vaux. Après cinq ans de recherches et de labeurs, et réussis enfin à produire quelques grammes d'or parfaitement pur.

Il m'est impossible de peindre l'immense joie que je ressentis en touchant ce but si désiré. Dès lors je n'eus qu'une pensée fixe. rentrer en France et faire profiter mon pays de ma découverte. Quitter le Mexique était fort difficile alors, car les Américains venaient de s'emparer de Vera-Cruz, de Mexico et de Tampico, et il ne fallut pas moins de six mois pour venir de Guadalajara à Tampico, où je me suis embarqué pour la France en mai 1848.

A mon arrivée, je constatai de nouveau les propriétés de l'or que j'avais artificiellement obtenu : cristallisation, aspect, densité, malléabilité parfaite, ductilité, insolubilité absolue dans les acides simples, solubilité dans l'eau régale et les sulfures alcalins : rien n'y manque. La quantité que je possède aujourd'hui ne peut me laisser aucun doute sur le fait de la découverte et sur le peu de frais au moyen desquels j'ai pu la préparer.

Maintenant, pour faire disparaître le merveilleux dont cette découverte ne manquera pas d'être entourée aux yeux de bien des gens, il faut que je dise quelles sont les vues qui m'ont guidé dans mon travail, et comment ma réussite a été l'œuvre de déductions logiques déjà acquises à la science.

Les métaux ne sont pas des corps simples, mais bien des corps composés.

Les alchimistes et les philosophes hermétiques du moyen-âge n'avaient aucune théorie fixe dans leurs recherches sur la nature des métaux ; guidés par une pensée mystique et voyant dans tous les corps de la nature un mélange de matière et d'émanation divine, ils pensaient pouvoir arracher à la nature le secret de ce mélange, et, dégageant la matière brute de son essence, la ramener à un type unique, pour les métaux, du moins. De là l'idée de ce qu'ils appelaient le grand œuvre, la pierre philosophale, la transmutation des métaux.

Divisés en plusieurs sectes, les *illuminés* se flattaient vainement de découvrir une panacée propre à prolonger la vie des hommes au-delà du terme ordinaire, tandis que d'autres, les plus positifs, se bornaient à chercher la transformation des métaux *vils ou imparfaits* en métaux précieux et parfaits, c'est-à-dire en argent, en or.

Les travaux de ces hommes sont restés stériles, sauf les quelques remèdes héroïques dont ils ont doté l'art de

guérir, remèdes puisés dans les préparations antimonia-
les et mercurielles principalement ; au commencement de
ce siècle, il était de bon goût de jeter le sarcasme à plei-
nes mains sur ces fous d'une autre époque, et c'est à
peine si aujourd'hui quelques savants rendent justice à
l'idée, à la pensée mère qui a guidé les alchimistes.

Posons d'abord un principe fécond admis aujourd'hui
par tous les chimistes : *Les propriétés des corps sont le
résultat de leur constitution moléculaire.*

La nature nous présente un grand nombre de corps
polymorphes qui, suivant qu'ils cristallisent dans un système ou dans un autre, acquièrent des propriétés très
différentes, sans que, cependant, leur composition soit
altérée ou changée en aucune façon. Ainsi le carbonate
de chaux rhomboédrique ou spath calcaire, et le carbonate de chaux prismatique ou arragonite ont exactement
la même composition, et cependant possèdent des propriétés très différentes. La science est parvenue à produire ces deux sels à volonté sous ces deux formes. L'un
d'eux possède la double réfraction, l'autre ne la possède
pas ; l'un est plus dense que l'autre, l'un enfin cristal-
lise à la température ordinaire, l'autre seulement à la
température de plus de 100 degrés.

Tout le monde sait que le soufre possède des proprié-

tés différentes suivant la température à laquelle on l'a
exposé et la forme cristalline qu'on lui a fait prendre.
Une foule d'oxydes métalliques, tels que certains oxydes de fer et de chrôme, se substituant à d'autres bases
dans les sels, leur donnent des propriétés diverses sous
des formes typiques. Les oxydes de zinc, de mercure,
plusieurs combinaisons de ées métaux, changent de propriété sous l'empire d'un changement de constitution
moléculaire produit par la chaleur ou des forces électriques. Le platine spongieux, l'argile chauffés à blanc,
déterminent, par leur simple immersion dans un mélange
d'oxygène et d'hydrogène, la combinaison de ces deux
gaz, dont le résultat est de l'eau.

Dans la nature organique, ne voyons-nous pas des
phénomènes analogues se produire chaque jour ? L'ami-
don ne se transforme-t-il pas en sucre par son seul contact avec l'acide sulfurique, sans que, cependant celui-ci
soit altéré ? N'est-ce pas à la présence d'une matière
azotée qu'est dû le phénomène de la fermentation qui
fait subir aux matières organiques de si curieuses transformations ? Enfin, le cyanogène, ce radical composé,
n'est-il pas le produit de l'action d'une base alcaline sur
une matière azotée ? Je pourrais citer mille autres faits à
l'appui du principe énoncé, si je ne craignais de paraître

vouloir faire étalage de science. Je répéterai donc simplement qu'il n'y a rien que de très juste dans cette pensée que : la constitution d'un corps étant changée, ce
corps acquiert des propriétés nouvelles, tout en conser-
vant sa nature intime, sa composition, si l'on veut.

En conséquence, il suffira de découvrir le corps qui,
par sa force catalytique, peut agir sur le corps qu'on veut
transformer, puis de mettre ce dernier en certaines conditions de contact avec lui, pour opérer cette transformation. Voilà le principe qui n'est nié par aucun chimiste
aujourd'hui, celui que j'ai mis en application, et auquel
je dois mon succès.

Dans un ordre d'idées analogues, répéterai-je ici
tout ce qui a été dit et écrit par les modernes sur la
probabilité de la composition des métaux? Si l'on part
de la théorie de Stahl, qui considérait les métaux comme
formés d'un radical et d'un principe appelé phlogistique
pour arriver à Lavoisier qui, par sa théorie de la combustion, a si longtemps fait faire fausse route aux obser-
vateurs; si enfin on considère que tous les corps de la
nature, végétaux et animaux, en nombre incalculable,
sont formés pourtant de trois ou quatre éléments, malgré leur immense diversité, et si l'on réfléchit que ce n'est
jamais qu'avec un très petit nombre de substances simples

que la nature produit tous les composés, n'est-il pas naturel de penser que les quarante et quelques métaux, considérés aujourd'hui comme des corps simples, ne sont que des mélanges, des combinaisons, peut-être, d'un radical unique avec un autre corps inconnu, mal étudié, sans doute, dont l'action nous échappe, mais qui seul modifie les propriétés de ce radical, et nous montre quarante métaux là où il n'y en a qu'un ? Comment admettre que la nature ait créé cette quantité de métaux divers pour former le règne inorganique, quand, avec quatre éléments au plus, elle a créé une si prodigieuse quantité de végétaux et d'animaux ? Et, si un homme vient à démontrer ce corps inconnu qui a échappé à tant de recherches, et à le faire agir sur un métal donné, qu'y a-t-il de surprenant à ce que cet homme change la nature de ce métal en lui donnant, avec une constitution moléculaire différente, les propriétés de tel autre métal dans lequel existe naturellement cette constitution ?

En voilà assez sur ce sujet pour tout homme quelque peu versé dans l'étude des sciences physiques, et pour le bon sens de tous. J'arrive maintenant à préciser la position. J'ai pu produire de l'or et arriver à la *transformation complète* d'une quantité donnée d'un métal en or pur. J'ai dit déjà que cette quantité donnée était de quelques grammes, et jusqu'à présent je ne suis pas encore parvenu à opérer sur une masse assez considérable pour pouvoir dire que j'ai réussi en grand. Pour y parvenir, il me faut d'autres ressources, je les demande à ceux qui voudront se mettre en rapport avec moi. Je ne veux pas, à moins d'y être contraint, avoir le sort de tant d'inventeurs dédaignés dans leur patrie, porter à l'étranger le fruit de ma découverte, et en faire profiter nos rivaux en industrie. Je fais appel à mes compatriotes, et j'attends de la publicité l'aide dont j'ai besoin pour parfaire mon œuvre.

En terminant, je crois inutile et imprudent, peut-être de faire des réflexions sur l'immense portée de la production de l'or artificiel : la France possède le plus fort numéraire de l'Europe, environ trois milliards de francs ; la dépréciation prochaine de l'or, par l'abondance de ce métal provenant de la Californie et de l'Australie, sont deux faits assez faciles à rapprocher pour que les conséquences en découlent d'elles-mêmes.

Je me tais donc et j'attends.

DEUXIÈME MÉMOIRE

Lu à l'Académie des Sciences dans la Séance du 17 octobre 1853.

PAR T. TIFFEREAU.

Les métaux sont des corps composés.

Afin de faire disparaître les doutes qui peuvent rester dans les esprits au sujet de la découverte que j'ai faite, de l'or artificiel, je vais entrer dans quelques détails de mes expériences, et prouver que, dans les circonstances où j'ai opéré, je n'ai pu prendre des illusions pour des réalités.

Messieurs, le métal que j'ai choisi pour base de mes expériences est l'argent, métal parfaitement distinct des autres par ses propriétés chimiques, qui sont tout à fait caractéristiques, comme on sait, et qui, par conséquent, ne permettent pas de le confondre avec aucun autre ; par cette raison même, il est facile de l'obtenir chimiquement pur ; de sorte qu'agissant sur ce métal, je pouvais me rendre parfaitement compte des changements partiels ou

entiers que pouvaient opérer les agents chimiques que
j'employais.

Dans mes premiers essais, je pus me convaincre
qu'une très minime quantité d'argent passait à l'état d'or,
mais en si petite quantité que je doutai d'abord de la
réussite du fait, quoique cependant je fusse bien convaincu que l'argent que j'employais ne contenait pas la moindre quantité d'or.

Si je n'avais que ce résultat à montrer, on pourrait douter et dire que l'argent employé n'était pas chimiquement
pur : que d'ailleurs l'argent renferme toujours de l'or, et
qu'il n'y a donc rien d'étonnant à ce que j'en aie trouvé.
J'admettrais encore que l'argent pouvait contenir des traces d'or ; mais ce que je ne puis admettre, c'est qu'
puisse y avoir illusion de ma part, lorsque, dans plusieurs
autres expériences capitales que j'ai faites, j'ai vu *tout
l'argent* employé changer d'aspect et de propriétés ; le
métal qui, avant l'expérience, était en entier soluble dans
l'acide azotique, est devenu complétement insoluble dans
ce réactif ; il est devenu au contraire soluble en entier
dans l'eau régale et les sulfures alcalins ; en un mot il a
acquis toutes les propriétés chimiques et physiques de
l'or ; l'argent *tout entier* s'est changé en or.

J'ajouterai que j'ai opéré sur d'assez grandes quantités,

comme je l'ai dit dans mon précédent mémoire, pour qu'il ne puisse me rester aucun doute sur le fait accompli ; j'ai suivi avec attention toutes les phases de ces expériences qui ont été fort longues, et si je ne puis pas toujours les répéter avec le même succès, le fait capital de la transformation de l'argent en or n'en existe pas moins.

J'ai l'honneur de mettre sous les yeux de l'Académie une faible partie de ce premier or tel que je l'ai obtenu ; il est facile de se convaincre que ce produit a son cachet particulier qui le distingue de l'or de mine, de celui de placer et de celui des sables aurifères ; lorsqu'il est fondu, il est impossible de le distinguer de l'or naturel, parfaitement identique avec lui.

J'ai l'honneur de mettre sous les yeux de l'Académie un petit lingot de cet or fondu.

Pour parer à tout événement et conjurer toute éventualité relative à la découverte que j'ai faite, outre le paquet cacheté que j'ai déposé à l'Académie, j'ai remis en main tierce des échantillons de mon or artificiel et la description détaillée des procédés que j'ai employés pour l'obtenir.

Dans le cours des opérations dont je viens de parler, et que j'ai variées sous toutes les formes, j'ai remarqué des

analogies frappantes dans le phénomène de la transformation des métaux divers sur lesqnels j'ai opéré ; et, sans entrer ici dans des détails inutiles, je crois pouvoir conclure
de mes expériences que la transformation du cuivre en
argent m'est démontrée et sera bientôt un fait acquis à
la science ; que d'autres métaux, le fer, par exemple,
peuvent être transformés en cuivre, en argent, en or.

Maintenant, il me faut obtenir en grand de l'or artificiel : c'est ce procédé que je cherche, pour lequel les
moyens me font défaut.

Cet aveu d'impuissance n'étonnera pas l'Académie :
il est conforme à tous les précédents des inventeurs qui
m'ont devancé ; aucun d'eux, que je sache, n'a perfectionné son invention avec ses propres moyens, et trop
souvent ils en ont perdu le fruit, épuisés qu'ils étaient par
les dépenses qu'ils avaient faites, ou découragés par l'incrédulité et l'insouciance publiques.

Quant aux conséquences de la transformation de l'argent en or, la production de l'or artificiel, je laisse à la
sagesse de l'Académie à prévoir tout ce qu'elles pourront apporter de perturbations et d'avantages dans les
relations commerciales des peuples, dans notre système
financier, dans les valeurs respectives des produits du
sol et de l'industrie.

En publiant ici le fait de ma découverte, j'ai moins
pour but d'en tirer honneur ou profit, que d'enrichir la
science et d'en faire profiter mon pays.

Instrument de la Providence qui a guidé mes essais,
j'obéis à l'impulsion qui me pousse, et viens demander
conseil et appui au premier corps du monde.

Je me borne ici, messieurs, à ces réflexions, en priant
l'Académie d'honorer de son attention la communication
que je viens de lui faire, et de m'accorder cet encouragement moral dont tout inventeur a besoin pour perfectionner son œuvre.

Je vais répondre maintenant à quelques objections
qu'on m'a faites au sujet de mon premier mémoire.

Les uns me disent ironiquement : « *Puisque vous avez
produit de l'or, que n'en produisez-vous d'abord quelques
kilogrammes, puis des quintaux, puis enfin des tonnes, et
vous deviendrez le premier potentat du monde, vous pour-
rez détrôner l'empereur de Russie ; votre découverte vaut
plus que l'épée du grand Fréderic ;* A VOTRE PLACE, JE
ME TAIRAIS. »

Je répondrai à cela par des faits connus de tous.
Pourquoi Fulton n'est-il pas arrivé de suite à appliquer
avantageusement la force motrice de la vapeur à la navi-
gation ? Pourquoi a-t-il été obligé de demander le con-

cours et l'argent des souverains pour perfectionner son œuvre et l'appliquer en grand ? Combien d'années n'a-t-il pas consacrées à sa découverte ? Que ne bornait-il ses premiers efforts à une machine fonctionnant en petit ?

Pourquoi l'ingénieur français Lebon, qui découvrit le gaz de l'éclairage, pourquoi Leblanc, qui découvrit la soude artificielle, n'ont-ils pas tiré parti de leurs immortelles découvertes ? Lebon n'est-il pas mort dans la misère ? Et cependant aujourd'hui les compagnies qui exploitent sa découverte font des fortunes colossales. Leblanc s'est-il enrichi par ses travaux ?

Lors de la découverte de l'oxygène par Lavoisier, pour obtenir ce gaz, dans le principe, l'opération était fort longue et très dispendieuse ; aujourd'hui c'est une des opérations les plus simples de la chimie : au lieu d'un procédé, on en a plusieurs qui fournissent ce gaz à très peu de frais, témoin, entre autres, celui de M. Boussingault, qui n'est, en réalité, qu'une affaire de combustible, puisque le même corps peut fournir constamment de l'oxygène. Et qui nous dit qu'il n'en sera point ainsi de la transmutation des métaux ?

Pour en finir avec cette énumération, que je pourrais prolonger, je citerai la belle découverte de MM. Daguerre et Niepce ; que de temps, que de dépenses et de

soins ne leur a-t-elle pas coûtés ! Que ne disait-on à ces
messieurs de continuer à perfectionner leurs procédés ?
Ce n'est pas ce que coûtent quelques plaques d'argent,
quelques grammes d'iode, de brôme et de mercure ? N'y
a-t-il pas là de quoi faire des milliers d'expérience ? N'ont-
ils pas vendu au gouvernement leur découverte, tout
imparfaite qu'elle était alors ?

De ce moment elle a servi et sert encore à enrichir
ceux qui l'exploitent en continuant à la perfectionner.

De même j'ai la conviction que la découverte de l'or
artificiel sera une source d'immenses richesses pour ceux
qui pourront l'exploiter, et rendra aux sciences, à l'industrie et aux arts des services réels d'une incalculable
portée.

D'autres personnes m'ont dit (et c'est pour cela que
j'en parle ici) : « *Votre découverte sera comme la production artificielle des pierres précieuses, qui coûtent plus que
celles qu'on rencontre dans la nature.* » Cette objection,
messieurs, est sans valeur ; car, sans parler ici de la découverte en elle-même ni de ses conséquences, je dis
qu'il ne peut y avoir de comparaison possible entre ces
deux productions artificielles, attendu que la plupart des
pierres précieuses naturelles n'ont que peu de valeur,
qu'elles en acquièrent au contraire beaucoup par l'art de

la taille ; que, le plus souvent, la main-d'œuvre coûte plus que le prix de la matière brute. Il en est de même des pierres artificielles, et encore ces pierres ne sont employées que comme objet de luxe ; elles n'ont que fort peu d'applications industrielles.

La production artificielle des métaux précieux, au contraire, est telle, que la valeur de ceux-ci n'augmente que fort peu par le travail, et ils sont d'ailleurs d'un emploi journalier et considérable, comme base de toute industrie, par leurs propriétés spéciales, qui les rendent de plus en plus indispensables à tout travail humain. Et que serait la civilisation, dont nous sommes si fiers ? que seraient les sciences physiques elles-mêmes, sans les métaux précieux ? Il n'y a donc, comme on le voit, aucune comparaison possible entre la production des métaux précieux et celle des pierres fines, sous le double rapport de leurs conséquences et de leur emploi comme agent de civilisation.

TROISIÈME MEMOIRE

Présenté le 8 mai 1854.

Les métaux sont des corps composés.

J'avais sollicité l'honneur de lire à l'Académie ce troisième Mémoire; depuis plus de trois mois je m'étais fait inscrire au secrétariat dans ce but. Ne sachant point au juste quand je pourrais obtenir mon *tour de lecture*, craignant qu'il ne me fallût peut-être attendre encore plusieurs semaines, ma santé et le temps ne me permettant plus d'assister aux séances, je prends le parti de livrer mon travail à la publicité, tel que j'avais l'intention de le lire à l'Académie. Il me tarde d'avoir des juges et qu'on sache à quoi s'en tenir sur ma découverte. Ces considérations me font décliner l'honneur que j'avais sollicité de paraître devant l'Académie, honneur qui ne peut, après tout, ajouter aucune valeur de plus à ce mémoire.

INTRODUCTION

MESSIEURS,

Dans mes précédentes communications, j'ai eu l'honneur d'annoncer à l'Académie ma découverte des moyens d'obtenir l'or artificiellement, d'opérer la transformation de l'argent en or ; j'ai soumis à l'Académie, comparativement avec l'or des placers et l'or en lingots, l'or artificiel que j'avais obtenu.

Beaucoup de savants considèrent encore de nos jours comme chimérique, la transmutation des métaux annoncée par une foule de gens, les uns de mauvaise foi, les autres dupes de leurs propres illusions ; j'ai donc dû subir le sort commun, et l'annonce de ma découverte a rencontré beaucoup d'incrédules.

D'ailleurs, de quel poids pouvait être en faveur de mes affirmations, mon nom totalement inconnu dans la science, quand j'attestais la possibilité d'opérer la transmutation? La froideur avec laquelle mes efforts ont été accueillis n'avait pas lieu de me surprendre.

Loin de me plaindre de l'espèce de répulsion et de commisération qu'ont éprouvée ceux qui ont eu connaissance de ma découverte, je crois devoir bien plutôt m'en

féliciter : l'engouement en sa faveur aurait pu lui être
funeste ; car, bien qu'elle soit parfaitement réelle, elle
n'est basée que sur des opérations, sur une échelle très
réduite, ayant produit seulement quelques grammes d'or.
On n'aurait pas manqué de me sommer d'en produire
des quintaux. Si, comme je l'espère, je parviens à convaincre l'Académie de la réalité de mes succès, j'aurai
conquis le double avantage de triompher de préjugés
que, du reste, je comprends parfaitement, et de prouver
une fois de plus que la Providence, dans ses vues impé-
nétrables, daigne quelquefois se servir du plus humble
pour opérer de grandes choses.

Jusqu'à ce jour, messieurs, j'avais cru pouvoir espérer
que, soutenu par l'opinion publique, je trouverais, pour
donner suite à mes travaux, le concours de quelques hommes éclairés, jaloux d'assurer avec moi à la France l'honneur et les avantages d'une découverte de cette nature.
Mes espérances, je dois le reconnaître aujourd'hui, étaient
vaines et illusoires ; sans attendre davantage, le moment
est venu d'établir mon droit de priorité en livrant à la
publicité mes procédés pour la production de l'or artificiel.

Des milliers d'expériences, répétées et variées à l'infini, ont fait naître en moi, depuis plusieurs années, la

conviction que ces procédés ne pouvaient que gagner à être exposés au grand jour. Après tout, il ne m'appartient peut-être pas de tenir caché plus longtemps un secret dont la divulgation doit appeler sur la production des métaux les *investigations* des savants, les *travaux* des chimistes éminents dont s'honore la France.

Tels sont les motifs qui m'ont valu l'honneur de paraître devant vous, messieurs, prêt à fournir toutes les preuves de sincérité qu'il peut plaire à l'Académie de réclamer de moi, prêt à opérer sous ses yeux avec les matières premières qu'elle-même aura mises à ma disposition.

Enfin, avant d'entrer en matière, je dois rendre compte à l'Académie des raisons d'opportunité qui me déterminent à lui faire en ce moment cette communication. Après cinq années entières de séjour et de voyages dans toutes les parties du Mexique, sans autre ressource pour subvenir aux frais de mes expériences que le produit de mes travaux en photographie, je revins en France avec un modeste capital, fruit de mes économies, pour compléter ma découverte au moyen de quelques instruments de précision que je ne pouvais me procurer au Mexique, et de nouvelles recherches confirmèrent pleinement les résultats obtenus par moi sur cette terre des métaux précieux.

Bientôt je vis mes ressources diminuer, sans savoir si
elles suffiraient pour me donner le temps d'atteindre le
but de mes travaux ; je prévoyais l'instant où tout allait
me manquer à la fois. Je n'hésitai point à sacrifier une
partie de ce qui me restait pour me créer des moyens
d'existence ; j'en trouvai dans l'exploitation de quelques
instruments relatifs aux arts physiques. Malheureusement
ces ressources sont trop limitées pour me permettre de
conduire ma découverte à la perfection qu'elle doit atteindre. Je prends donc la résolution de la livrer, telle qu'elle
est, à la publicité, dans l'intérêt de la science et pour
l'honneur qui doit rejaillir sur mon pays ; je mets en
demeure ceux qui ont les moyens de travailler sur mes
données et mes procédés, d'en enrichir les arts et le commerce. Ce n'est pas sans éprouver un sentiment pénible
que j'adopte cette résolution ; il m'eût été doux de marcher seul jusqu'au but, de l'atteindre et de faire hom-
mage à mon siècle d'un succès conquis par mes seuls
efforts. N'importe, je n'en seconderai pas moins cordia-
lement de tout mon pouvoir toute tentative faite pour
aller en avant dans la carrière que j'ouvre aujourd'hui.
Car la réalité du grand fait que j'avance ne laisse subsister aucun doute dans mon esprit ; seulement j'aurais
voulu n'offrir au public mes procédés qu'avec un degré

de plus de précision et de sécurité : là se bornait toute
mon ambition.

Mais, à part *les ressources premières*, tout me manque,
la stabilité, l'absence de préoccupations personnelles,
la faculté de suivre sans distraction et avec maturité les
phénomènes complexes de la transmutation des métaux.
De longues expériences sur l'influence de la lumière solaire ont compromis chez moi les organes de la vue, les
fatigues ont miné ma santé ; des travaux d'un autre ordre que m'impose la nécessité de soutenir ma famille, me
forcent à m'avouer mon impuissance, quand j'ai la conviction, la certitude morale de la possibilité d'un succès
prochain, en opérant en grand, s'il m'était donné de vaincre les causes toutes matérielles de cette impuissance.

En présence de ces circonstances que je viens d'exposer à l'Académie dans toute leur vérité, j'exécute ma résolution de rendre publics mes procédés pour obtenir
l'or artificiel. Que l'Académie me pardonne d'avoir osé
l'en entretenir ; le sentiment d'amour de la science qui
seul me dicte ma démarche porte avec lui son excuse.

PREMIÈRE PARTIE

Pour le voyageur éclairé qui parcourt les provinces
mexicaines en observant avec une attention intelligente

6

l'état minéralogique de ce pays, ses terrains d'alluvion, ses placers et ses gisements de métaux précieux, il ressort de cet examen un fait propre à jeter un grand jour sur la production naturelle de ces métaux. Ce fait, c'est la présence, je pourrais dire l'extrême abondance des nitrates de potasse et de soude qui s'effleurissent de toutes parts à la surface du sol, et qui s'accumulent en cristaux réguliers dans le lit des torrents descendant des montagnes ; on en exploite même des masses naturellement assez pures pour qu'elles puissent être employées à la fabrication de la poudre de mine.

On y rencontre également des iodures, des bromures et des chlorures en quantités notables ; les pyrites, autre agent non moins important, se trouvent en contact perpétuel avec les azotates alcalins ; cet agent apporte sa part d'influence certaine sur la production des métaux.

Ces deux classes de corps composés agissant sous la double influence de la lumière et de la chaleur, donnent lieu à des phénomènes électriques d'où résultent la décomposition des terrains métallifères, et les combinaisons nouvelles d'où proviennent les métaux.

Cette manière de voir, cette théorie de la *fermentation* des métaux, peut être soutenue ou combattue ; je dirai seulement qu'elle a pour moi un degré de probabilité qui est devenu le guide et le point de départ de mes recherches.

L'opinion de la transmutation, de la perfectibilité des métaux, est si généralement admise par les mineurs du Mexique, qu'il ne faut pas s'étonner de leur entendre dire en parlant des morceaux de minerai qu'ils admettent ou rejettent pour l'exploitation ; « Ceci est bon et MUR ; ceci est mauvais et n'est *pas encore passé à l'état d'or.* »

A mon point de vue, les réactions sous l'influence desquelles a lieu la transformation des métaux, constituent un phénomène complexe où le principal rôle appartient aux composés oxygénés de l'azote. L'action de la chaleur, de la lumière, de l'électricité, favorise ou développe, dans de certaines limites, les combinaisons de ces composés avec le radical inconnu qui constitue les métaux. Tout me porte à croire que ce radical est l'hydrogène que nous ne connaissons qu'à l'état gazeux et dont les autres états physiques échappent à nos recherches. L'azote semble agir dans ces combinaisons comme agirait un ferment dans les transformations des matières organiques sous l'influence de ce même agent. La fixation de l'oxygène, sa combinaison plus ou moins durable avec le radical, sous l'action d'un composé azoté : voilà pour moi la clef de la transformation des métaux.

Que ces idées théoriques soient vraies ou fausses, exactes ou erronées, c'est ce que je n'entreprendrai pas de discuter ici ; je crois devoir me borner à dire que, sans qu'il m'ait été possible d'acquérir la certitude mathématique de leur réalité, leur influence a présidé à mes expériences ; leur probabilité à mes yeux est née des effets notés pendant plusieurs années d'observations. Si j'en fais mention, c'est pour mieux faire comprendre la marche que j'ai suivie, et jeter peut-être quelque clarté sur la route où marcheront ceux qui suivront après moi le même ordre de recherches.

Quoi qu'il en soit, je tracerai l'exposé succinct du résultat de mes observations ; leur filiation permettra de saisir par quels enchaînements de faits et d'idées j'ai été amené à concevoir la théorie que je viens de résumer.

1° Un premier fait que chacun peut reproduire à volonté a été mon point de départ. Si l'on réduit en limaille de l'argent pur et que l'on fasse agir sur lui de l'acide azotique également pur, certaines parcelles de cette limaille resteront insolubles dans l'acide ; elles ne disparaîtront qu'après que la dissolution aura été, pendant plusieurs jours, abandonnée au repos.

2° Si l'on projette de la limaille d'argent pur dans des tubes de verre de 4 à 5 millimètres de diamètre, sur 12 à

15 centimètres de hauteur, remplis au tiers de leur capacité d'acide azotique à 36 degrés, après que cet acide aura été, pendant un certain temps, exposé à l'action des rayons solaires, on verra qu'une certaine portion des parcelles d'argent restera complétement insoluble dans l'acide, malgré l'élévation de température produite par la réaction.

3° Si l'on opère sur un alliage de neuf dixièmes d'argent et un dixième de cuivre, la réaction sera plus vive et l'insolubilité de certaines parties de l'alliage sera la même que dans l'opération précédente.

4° Le phénomène se reproduira encore, si l'on opère sur le même alliage, hors du contact des rayons solaires.

5° Dans toutes ces expériences, indépendamment de l'insolubilité des parcelles d'argent pur ou d'alliage, on pourra constater la présence d'un léger dépôt brun insoluble.

6° En variant ces expériences par l'emploi de l'acide azotique à divers degrés de dilution, après l'avoir toutefois exposé à l'action des rayons solaires pendant un temps plus ou moins prolongé, j'ai pu recueillir des parcelles de métal parfaitement *insolubles* dans l'acide azotique pur et bouillant, *solubles* au contraire dans la solution de chlore.

7º Des expériences comparatives m'ont permis de re-connaître :

1º Que l'or, introduit en petite quantité dans l'alliage, facilite la production artificielle de ce métal.

2º Que l'argent pur est beaucoup plus difficile à faire passer à l'état d'or que lorsqu'il est allié à d'autres métaux.

3º Que, comme je l'ai énoncé dans mon premier mé-moire, la force catalytique est pour quelque chose dans a transmutation des métaux.

4º Que le chlore, le brôme, l'iode et le soufre, en pré-sence des composés oxygénés de l'azote, favorisent la pro-duction des métaux précieux.

5º Que l'air ozonisé paraît activer cette production.

6º Que la température de 25 degrés et au-dessus est favorable à l'accomplissement de ce phénomène.

7º Que les résultats heureux dépendent en grande par-tie de la durée des opérations.

Sur ces premiers faits observés, qui ne s'étaient pas offerts avec le même degré de certitude, non plus qu'avec des caractères parfaitement identiques, je basai de nou-velles recherches ayant pour principe l'influence de la lumière solaire, si intense et si favorable sous le beau cli-mat du Mexique. Mon premier succès fut obtenu à Gua-dalajara. Voici dans quelles circonstances :

Après avoir exposé, pendant deux jours, à l'action des rayons solaires de l'acide azotique pur, j'y projetai de la limaille d'argent pur allié à du cuivre pur dans la proportion de l'alliage de la monnaie. Une vive réaction se manifesta accompagnée d'un dégagement très-abondant de gaz nitreux ; puis la liqueur, abandonnée au repos, me laissa voir un dépôt abondant de limaille intacte agglomérée en masse.

Le dégagement du gaz nitreux continuant sans interruption, j'abandonnai le liquide à lui-même pendant douze jours, je remarquai que le dépôt agrégé augmentait sensiblement de volume. J'ajoutai alors un peu d'eau à la dissolution sans qu'il se produisît aucun précipité, j'abandonnai encore la liqueur au repos pendant cinq jours. Durant ce temps, de nouvelles vapeurs ne cessèrent de se dégager.

Ces cinq jours écoulés, je portai la liqueur jusqu'à l'ébullition, je l'y maintins jusqu'à cessation du dégagement des vapeurs nitreuses, après quoi je fis évaporer à siccité.

La matière obtenue par la dissication était sèche, terne, d'un vert noirâtre ; elle n'offrait aucune apparence de cristallisation ; *aucune partie saline ne s'était déposée.*

Traitant alors cette matière par l'acide azotique pur

et bouillant pendant dix heures, je vis la matière devenir d'un vert clair sans cesser d'être agrégée en petites masses ; j'y ajoutai une nouvelle quantité d'acide pur et concentré ; je fis bouillir de nouveau ; c'est alors que je vis enfin la matière désagrégée prendre le brillant de l'or naturel.

Je recueillis ce produit et j'en sacrifiai une grande partie pour le soumettre à une suite d'essais comparatifs avec de l'or naturel pur ; il ne me fut pas possible de constater la plus légère différence entre l'or naturel et l'or artificiel que je venais d'obtenir.

Ma seconde expérience, du même genre que la précédente, eut lieu à Colima ; les phénomènes se produisirent comme à Guadalajara, sous l'influence de la lumière solaire, qui ne cessa d'agir pendant tout le traitement de l'alliage par l'acide azotique : seulement, je réduisis à huit jours la durée du premier traitement, et l'acide que j'employai fut assez étendu d'eau pour que l'action solaire seule ne pût produire le dégagement des vapeurs nitreuses. Or, comme celles-ci ne cessèrent point de se dégager, j'attribuai ce fait à un courant électrique dû à l'espèce de fermentation dont l'azote me paraît être le principe. Le gaz nitreux continua à se dégager constamment, tant que la liqueur ne fut pas portée à l'ébullition.

Je terminai cette opération comme la précédente ; néanmoins, dans cette seconde expérience, j'employai, vers la fin de l'opération, plus d'acide concentré, pour amener la désagrégation de la matière et l'amener à prendre la couleur brillante de l'or.

Je fis une troisième expérience à mon retour à Guadalajara, elle réussit complétement comme les deux précédentes sans présenter aucun phénomène extraordinaire digne d'être noté ; la quantité d'alliage que j'avais mise en expérience se transforma *tout entière en or pur*, ainsi que je l'ai dit dans mon second mémoire.

Voilà, messieurs, dans toute sa sincérité, le fait obtenu, le résultat constant que j'ai pu reproduire plusieurs fois au Mexique ; ce fait, je ne réussis pas à le reproduire en France, et en agissant sur des quantités plus considérables. J'apprécie mal, sans doute, les causes qui agissent dans les réactions en vertu desquelles des métaux, solubles dans l'acide azotique, deviennent insolubles en se constituant en un état moléculaire particulier, d'où résultent des propriétés entièrement différentes de celles que ces mêmes métaux possédaient avant d'avoir subi ces réactions.

Ces changements, auxquels l'action de la lumière solaire paraît contribuer si puissamment, doivent-ils être

attribués à un état électrique ou magnétique spécial, ou
bien au rôle de l'azote sous cette influence ?

Enfin y a-t-il production d'un oxyde particulier de
l'argent et du cuivre, tel que ceux que nous présente le
fer ? C'est ce que, jusqu'à présent, je n'ai pu vérifier.

SECONDE PARTIE

MESSIEURS,

Après avoir, comme je viens de l'exposer, répété un
grand nombre de fois les expériences qui précèdent,
toujours opérant sous l'influence des rayons solaires
sans pouvoir découvrir quelles causes déterminaient ou
empêchaient la production de l'or artificiel, quand je va-
riais les procédés ou que j'y apportais seulement de lé-
gers changements, je voulus enfin m'assurer de l'effet
réel de la lumière en opérant en dehors de cette influence. Voici le résumé de mes tentatives dans cette voie,
tentatives couronnées de succès.

Ayant mêlé douze parties d'acide sulfurique concentré
et deux parties d'acide azotique à 40 degrés, je remplis
de ce mélange, jusqu'au quart de leur capacité, tubes de verre où je projetai de la limaille d'argent

et de cuivre, préparée avec les métaux purs, le cuivre entrant pour un dixième de cet alliage. Après la première réaction, accompagnée d'émission plus ou moins abondante de gaz nitreux, selon la quantité d'acide azotique admise dans le mélange on voit la dissolution prendre une belle teinte violette : on porte alors à l'ébullition qu'on maintient pendant plusieurs jours, en ajoutant de temps à autre, selon le besoin, de l'acide sulfurique pur et concentré, de manière à chasser tout l'acide azotique.

Cette durée prolongée de l'ébullition est nécessaire parce que les deux acides forment une combinaison très stable; tant que cette combinaison subsiste, l'or ne se dépose pas. On peut aussi remarquer qu'après plusieurs jours d'ébullition, si l'on vient à ajouter à la dissolution un peu d'eau, il se produit encore un faible dégagement de gaz nitreux, ce qui indiquerait que l'acide sulfurique très concentré a plus d'affinité pour l'eau que pour ce composé azoté. Pour se débarrasser des vapeurs nitreuses, qui pourraient y rester encore, il faut y ajouter un peu de sulfate d'ammoniaque et faire bouillir de nouveau.

Dans ces expériences l'or paraît dissous à la faveur du gaz nitreux, car, à mesure que la quantité de gaz devient plus faible, l'or se précipite en pellicules excessivement minces qui se déposent, par le refroidissement, sur les parois du tube du côté où il est incliné ; on peut les y distinguer à la vue simple. Quand la quantité d'or produit est assez grande, le métal se réunit en masse au fond du tube.

Un autre moyen, d'un effet moins lent, consiste à remplacer, dans l'expérience précédente, l'acide azotique, par l'azotate de potasse.

J'ai varié, je le répète, ces essais à l'infini; sauf sous l'empire de circonstances accidentelles, j'ai généralement observé les mêmes résultats.

C'est à l'Académie qu'il appartient de prononcer sur la valeur de ces expériences. Je suis prêt, comme je l'ai exprimé au début de ce mémoire, à opérer sous les yeux d'une commission prise dans le sein de l'Académie avec les réactifs qui me seront fournis par cette commission.

J'ai beaucoup médité sur une théorie probable qui peut guider les chimistes dans les opérations ayant pour but la productiou de l'or artificiel. Je pourrais exposer les fortes inductions, les analogies plus ou moins frappantes, capables d'éclairer les doutes sur la valeur des agents auxquels j'attribue la production de l'or ; mais je comprends la nécessité d'être sobre de réflexions et de ne point abuser de l'indulgence de l'Académie. Plus tard, si un pareil travail devient opportun, je pourrais développer les idées qu'ont éveillées en moi les faits curieux, objets de mes observations, depuis quinze années consacrées à des expériences sur le même sujet.

QUATRIÈME MÉMOIRE

Présenté à l'Académie des Sciences dans la séance du 7
août 1854.

Les métaux sont des corps composés.

Mes essais de transmutation des métaux ont eu pour
point de départ l'observation des faits. Ayant dissous une
petite quantité d'argent exempt de traces d'or dans de
l'acide nitrique parfaitement pur, cet argent, précipité de
sa dissolution légèrement acide par du cuivre pur, ne m'a
fourni, au moment où il venait d'être obtenu, aucune parcelle d'or ; ce même précipité, soumis, au bout de plusieurs mois, à la même méthode d'essai, me donna des
traces d'or. D'autres échantillons d'argent précipité par
divers métaux purs, obtenus depuis longtemps, essayés et
étiquetés : argent exempt de traces d'or — m'ont également permis de constater le même résultat.

Je ne savais précisément à quoi attribuer ce fait, soit à
une transformation lente de l'argent en or, soit à la présence préalable de parcelles d'or, soit dans l'argent, soits

dans les métaux employés à la précipitation. J'ai renouvelé les mêmes expériences de la manière suivante : j'ai opéré sur de l'argent pur, réduit par la craie et le charbon de son chlorure parfaitement lavé à l'eau de chlore, puis à l'eau pure. J'ai fait dissoudre une partie de cet argent dans l'acide nitrique pur, et une autre partie dans l'acide sulfurique pur. Les deux dissolutions ont été étendues d'eau distillée, puis filtrées. L'argent de ces deux dissolutions a été précipité en partie par du cuivre pur, en partie par un alliage de cuivre et zinc, avec un peu de fer ; les précipités lavés à l'eau distillée, puis soumis à la méthode d'essai précédemment employée, n'ont pas fourni le moindre signe de la présence de l'or.

Ces divers précipités d'argent ayant été exposés pendant plus de huit mois au contact de l'air, puis essayés de nouveau, j'ai pu constater dans tous la présence de l'or, en quantité faible, il est vrai, mais très visible au soleil à la vue simple.

La plus forte proportion d'or a été fournie par l'argent précipité de sa dissolution azotique, au moyen de l'alliage des métaux cuivre, zinc et fer. La dissolution azotique d'argent, précipitée par le cuivre seul réduit de son chlorure par l'hydrogène, a tenu le second rang, quant à la production de l'or. L'argent précipité de sa dissolution

dans l'acide sulfurique a donné de l'or en quantité moindre, toujours en opérant sur la même quantité de matière
première, et avec le même acide employé à la même dose.
S'il fallait en juger d'après les atômes produits dans ces
expériences dans un temps donné, le temps nécessaire
pour faire passer en entier l'argent à l'état d'or serait de
plusieurs siècles.

Dans ces essais, j'ai opéré sur 50 centigrammes de
précipité.

J'ai constaté l'accélération de la transformation de
l'argent en or dans le précipité d'argent obtenu comme
je l'ai indiqué plus haut, à travers lequel j'ai fait passer
un courant électrique. J'ai entrepris dans cette voie une
nouvelle série d'expériences ; dès qu'elles seront terminées, j'en ferai connaître le résultat.

Je ne saurais insister trop vivement auprès des physi-
ciens, pour éveiller leur attention sur le rôle important
que l'électricité est appelée à jouer dans la transmutation
des métaux. Les expériences citées dans mon troisième
mémoire, spécialement celle où j'ai projeté de la limaille
d'argent dans l'acide azotique chauffé au soleil, n'en
sont-elles pas une preuve ? Dans cette expérience la limaille d'argent s'est agglomérée en masse au sein de son
propre dissolvant, et n'a formé qu'un tout, pendant tout

le temps qu'à duré la transformation de l'alliage en or pur. La matière n'a pris la couleur de l'or naturel qu'au moment où elle a commencé à se désagréger ; l'empreinte de la lime, cachet d'authenticité facile à reconnaître pour cet or artificiel, s'y distingue encore aujourd'hui. Je défie toute main humaine d'en produire l'imitation avec de l'or naturel ; les forces mystérieuses de la nature ont passé sur cette limaille d'argent alliée au cuivre ; elles lui ont procuré, comme il est facile de s'en convaincre, un mode d'agrégation moléculaire différent de celui de l'alliage employé à l'opération.

Cette agglomération, prise et conservée par la limaille, ne peut être due qu'à un état électrique ou magnétique particulier, développé sans doute par l'action chimique, secondée par la radiation solaire. Je me propose de faire connaître, dans un travail ultérieur, les effets de la lumière solaire sur l'argent précipité de sa dissolution azotique par le cuivre pur.

Il résulte pour moi de ces expériences, la conviction qu'au moyen du fluide électrique employé sous l'un de ses divers états, on opérera très rapidement la transformation de l'argent en or ; le maximum de rapidité ne devra être atteint qu'à une température élevée, dans des atmosphères à divers degrés d'électricité et de chaleur,

7

mais où, cependant, la chaleur et l'électricité conserve-
raient toujours entre elles un même rapport ; c'est de
même, en effet, qu'on est parvenu à opérer la précipitation du cuivre à l'état de fusion dans un bain métallique
au moyen du fer, comme elle a lieu à la température ordinaire, en plongeant dans une dissolution de cuivre une
lame de fer décapée.

Quoiqu'il reste quelque incertitude dans les résultats
de mes procédés, le fait n'en subsiste pas moins, Ce qui
nuit à cette découverte, c'est qu'elle est dans l'enfance ;
mais toute découverte, même celles qui ont remué le
monde, n'ont-elles pas eu aussi leur période d'enfance ?
Que lui faut-il pour être acceptée ? l'équivalent d'un par-
rain influent, quelque haut patronage dans le monde de
la science appliquée. Qu'elle en trouve un, et on la verra
se développer, grandir, porter enfin ses fruits. Les procédés perfectionnés ne lui manqueront pas ; on lui trouvera, comme on en a trouvé pour la photographie, des
substances accélératrices, grâce auxquelles la transmutation des métaux pourra s'opérer très rapidement.

Le procédé qui m'a réussi plusieurs fois au Mexique
recevra, je n'en doute pas, des perfectionnements en vertu
desquels on pourra opérer à coup sur. Alors cette indus-

trie féconde réalisera tout ce que peuvent en attendre les sciences, les arts et le commerce.

Pourquoi n'ai-je pas demandé, soit à l'Académie, soit au public, par la voie des journaux, une avance de cinquante mille francs pour aller au Mexique me livrer à ces recherches scientifiques sur les métaux, dans le but de prouver authentiquement que ces corps sont composés, qu'ils dérivent les uns des autres, qu'ils se perfectionnent incessamment dans le sein de la terre, et que la production artificielle des métaux précieux est parfaitement dans l'ordre des choses possibles ? C'est que je prévoyais que cet appel serait sans résultat, que je n'obtiendrais pas de fonds, que mon temps, mes démarches et mes avances seraient en pure perte, et qu'on se raillerait de mes efforts par-dessus le marché.

Cependant, cette somme, je l'ai dépensée au Mexique pour arriver à ma découverte ; cet argent, je ne l'ai demandé qu'à mon travail. Ainsi que je l'ai dit dans mon premier Mémoire, un daguerréotype m'a fourni les moyens de faire mes recherches avec mon attirail de chimiste photographe.

Après un succès aussi complet que je pouvais le désirer, puisque j'étais arrivé à la transformation complète de l'argent en or pur, sans m'être attendu il est vrai, à un si merveilleux résultat, on a refusé d'y croire. Le métal choisi pour base de mes recherches a produit à la fois le succès de l'opération et la méfiance du monde scientifique. Pent-être m'aurait-on cru plus aisément, si j'avais pris pour sujet de mes tentatives tout autre métal, le fer, par exemple, et que je fusse parvenu à le transformer en cuivre pur. Mais quand j'affirme que j'ai fait de l'or, c'est, dit-on, vraiment trop beau pour y croire ; c'est à qui me jettera et m'accablera de sarcasmes outrageants. Mais rien de tout cela ne saurait me décourager : comme le croyant persiste dans la foi, je persisterai tant qu'il me restera des forces pour travailler.

En arrivant à Paris, je crus suivre la bonne voie en consacrant mes économies à perfectionner ma découverte. Je me disais : Quand je n'aurai plus le moyen de poursuivre avec mes seules ressources, je ferai part de mes travaux à l'Académie, qui, sans doute s'empressera, de constater les faits. Cela seul suffira pour me faire trouver les moyens de poursuivre mes expériences. Aujourd'hui la force des choses me réduit à faire des portraits photographiés pour subsister, en attendant le rapport de la Commission désignée pour prononcer sur ma découverte.

Mes contradicteurs applaudissent à cette décadence et

elle est déjà à leurs yeux une preuve en leur faveur contre moi ; mais, qu'ils ne croient pas que pour cela j'abandonne ma découverte. J'ai ce qu'ils ne peuvent avoir, la conviction de ce que je soutiens, la conscience de la réalité de mes résultats ; elle me donne à moi seul plus de force que n'en ont tous ceux qui nient, sans sincérité dans leurs dénégations. La vérité se fera jour malgré tout.

Quelques journalistes, en rendant compte des séances de l'Académie, ont daigné parler de ma découverte. Je saisis l'occasion de les en remercier sincèrement ; j'ai surtout à rendre grâce à M. Victor Meunier, de la *Presse*, et au rédacteur de la partie scientifique de la *Lumière*, pour les paroles d'encouragement par lesquelles ils engagent les hommes compétents à répéter mes expériences. Si j'étais suffisammunt favorisé de la fortune je dirais aux partisans de la science, aux amis du progrès : Venez travailler avec moi! Je ne puis malheureusement leur offrir que des explications aussi précises qu'ils pourront les désirer ; elles les aideront assez, j'en ai l'assurance, pour faire naître promptement en eux la conviction de la réalité du fait ; je ne veux rien au delà ; après quoi, ils auront, je l'espère, la force de progresser seuls.

Je dirai à ceux qui, sans être très-versés dans les sciences physiques et chimiques, voudraient cependant tenter
des expériences de transmutation des métaux d'après les
données qui précèdent, que le succès peut également
couronner leurs efforts ; la pratique l'emporte, et de
beaucoup, sur la théorie ; la pratique peut toujours conduire à des progrès nouveaux, souvent à des progrès tout
à fait imprévus et inespérés.

On doit prendre pour base des expériences l'argent,
par les raisons développées dans mon second Mémoire ;
on pourra ensuite les varier de plusieurs manières, afin
de mieux se rendre compte des résultats et de ne
pas s'écarter de la vérité. Qu'on opère avec des métaux
faciles à obtenir parfaitement purs, qu'on renouvelle fréquemment des expériences comparatives, et l'on sera
toujours ramené dans la bonne voie, s'il arrivait qu'on
s'en écartât.

J'ai longtemps poursuivi la recherche d'un réactif très-
sensible, permettant de constater la présence de la plus
petite parcelle d'or dans d'argent ; une eau régale, composée de 12 à 13 parties d'acide sulfurique pur et d'une partie d'acide nitrique également pur, est le réactif auquel je
me suis arrêté comme au plus sensible de tous ceux
qu'il m'a été donné d'essayer.

Sa manipulation est un peu longue ; mais il a l'avantage de déposer l'or avec sa couleur naturelle et un éclat métallique parfait. qui permet d'en distinguer la moindre parcelle. Il est bon d'observer que, quand les métaux alliés à l'argent sont en trop forte proportion, ce réactif n'est plus aussi sensible ; il convient, dans ce cas d'y ajouter une plus forte dose d'acide azotique.

J'insiste sur la nécessité, pour ceux qui veulent se livrer à des expériences de cette nature, de s'assurer d'un réactif d'une grande sensibilité ; c'est un point tellement capital, que souvent, faute d'avoir pu se rendre compte des résultats minimes dus à l'action des agents chimiques ou autres, on rejette un procédé bon en lui-même, dont il n'a pas été possible de bien apprécier la valeur, alors que peut-être on approchait du résultat souhaité.

Je joins ici la liste des objets qui composent le matériel nécessaire aux expériences de transmutation. Ce matériel n'est pas très-considérable. Il faut posséder deux fourneaux, l'un à main, l'autre à réverbère ; quelques cornues et creusets de terre ; des tubes fermés à un bout, avec un support ; un porte-filtre, des entonnoirs ; quelques cornues de verre, des capsules de porcelaine ; des verres à expériences, une lampe à alcool.

En fait de produits chimiques, il faut des acides sulfu-

rique, nitrique et hydrochlorique purs, du nitrate de
potasse pur, du peroxyde de manganèse, du chlorate de
potasse, du nitrate d'ammoniaque, de l'eau distillée; des
métaux, argent, cuivre, fer et zinc, aussi parfaitement
purs que possible.

On le voit, je ne me réserve rien, j'ouvre la voie toute
large à ceux qui voudront y marcher avec moi, mais, en
présence de mes convictions profondes, quand la transmutation des métaux, admise dans la pratique, peut réagir avec tant d'énergie sur les destinées de la France,
élever la voix pour proclamer ma découverte et la faire
accepter, c'est plus que mon intérêt, c'est mon devoir.

CINQUIÈME MEMOIRE

Présenté à l'Académie des Sciences dans la séance du 16
octobre 1854.

Sur la transmutation des métaux.

SOMMAIRE :

1º De la transmutation en or de l'argent allié. 2º Des expériences faites à la Monnaie impériale de Paris. 3º De la difficulté
d'amener les métaux à l'état chimiquement pur. 4º De la démonétisation de l'or et de l'argent.

Dans mes précédentes communications, j'ai exposé
comment, quand on projette dans l'acide nitrique pur de
la limaille d'argent pur ou allié au cuivre, il se forme toujours un dépôt noir plus ou moins abondant, dans lequel,
la plupart du temps, on ne reconnaît nullement l'apparence de l'or, surtout quand la production de ce métal
est trop minime pour permettre de distinguer les atômes
d'or artificiel produits. Afin qu'il ne puisse rester aucun
doute dans l'esprit de l'opérateur, décantez avec soin la

partie limpide, puis ajoutez dans le tube de l'acide sulfurique pur, dix à douze fois le volume du liquide restant;
en chauffant on fait disparaître entièrement le dépôt noir
et la liqueur devient parfaitement limpide. Maintenez
pendant trente-six heures au moins le tube dans un bain
de sable à une température de 300 degrés environ;
chauffez plutôt plus lontemps que moins; l'or ne se dépo-
sant pas toujours, quoiqu'il en existe dans la liqueur, il
se forme, sans doute, un sel double d'argent et d'or très
stable, qui se produit en présence des deux acides sulfurique et nitrique, et empêche l'or de se déposer. C'est,
ce me semble, ce qui peut expliquer comment dans deux
expériences faites sur le même argent, dans les mêmes
circonstances, avec les mêmes acides, l'une donne de
l'or, tandis que l'autre n'en donne pas. Cet effet est-il
dû à la présence de composés oxygénés de l'azote restant
dans l'acide sulfurique? C'est ce que j'ai peine à croire,
ayant observé plusieurs fois que le dépôt d'or avait lieu
alors qu'il existait encore du gaz nitreux dans l'acide.
J'ai observé que plus les tubes sont étroits, plus la décan-
tation du nitrate a été complète, plus le dépôt de l'or se
fait facilement; les pellicules métalliques se rassemblent
toutes au fond du tube; tandis que s'il se déposait des
cristaux de sulfate d'argent dans la liqueur, ceux-ci divi-

seraient l'or dont la présence ne serait plus aussi appréciable... On peut voir que le dépôt de l'or de ces deux
acides est aussi un phénomène complexe qui demande à
être étudié avec soin, afin de rendre compte des circonstances qui l'empêchent quelquefois de se déposer.

Lorsqu'on n'est pas trop pressé par le temps, il faut
toujours laisser s'écouler un intervalle de plusieurs jours
entre la première opération et la suite, en ayant soin de
maintenir les tubes à une température de 50 à 60 degrés.
Si le temps le permet, exposez les tubes à la radiation
solaire, après quoi, l'on décantera la partie claire du nitrate d'argent sans faire bouillir ; le résidu sera ensuite
traité par l'acide sulfurique, comme il a été dit plus haut.
Lorsqu'on chauffe les tubes, il se dégage des vapeurs nitreuses qui continuent de se produire jusqu'à la décomposition complète de l'acide nitrique ; la liqueur conserve,
tant qu'elle est chaude, une faible teinte jaunâtre qu'elle
perd par le refroidissement.

En poursuivant mes expériences de transmutation, j'ai
observé, ce qui pouvait être prévu d'après mes premiers
résultats, qu'en dissolvant à plusieurs reprises dans l'a-
cide nitrique pur le même argent allié au cuivre (ces
deux métaux étant exempts d'or) et précipitant à
chaque fois l'argent de sa dissolution par le même cui-

vre, après quatre précipitations successives, j'ai pu faci-
ement constater la présence de l'or dans l'argent allié
au cuivre. Si l'on fond à chaque fois l'argent, la quantité
d'or produite sera plus grande : ce qui semblerait indiquer encore que certaines parties d'argent changent d'é-
tat moléculaire en passant par ces variations de température, et que ces parties modifiées sont plus aptes à passer à l'état d'or en présence des composés oxygénés de
l'azote. On m'a objecté que l'or provient du cuivre employé à la précipitation de l'argent ; j'ai essayé ce même
cuivre, en quantité plus grande que celle employée à ces
précipitations successives, sans avoir pu en obtenir les
moindres traces d'or. (J'ai entrepris de nouvelles expériences dans le but de parer à ces objections ; aussitôt
qu'elles seront terminées, j'en ferai part à l'Académie).
Je me demande pourquoi la présence du cuivre ne faci-
literait pas pour l'argent le moyen de passer en tout ou
en partie à un état moléculaire différent, qui, sous certaines influences, par exemple sous celles des composés
oxygénés de l'azote, favoriserait la fixation de l'oxygène
dans ces parties, en leur procurant un état moléculaire
semblable à celui de l'or, avec les propriétés de ce métal ? Pourquoi cette fixation d'oxygène, si réellement elle
a lieu, ne se produirait-elle pas d'une manière inverse de

celle qui se produit dans les essais d'argent par la cou-
pellation, au moment où s'accomplit ce curieux phénomène qu'on appelle l'éclair ? L'intéressant travail de
M. Levol à ce sujet, ne peut laisser, ce me semble,
aucun doute sur ce fait, que l'argent, a une haute température, cède au cuivre l'oxygène qu'il a absorbé dans l'air
au moment où la température s'abaisse, et où l'argent
passe à l'état solide. Pourquoi, je le demande, un effet
inverse n'aurait-il pas lieu ? La chimie n'offre-t-elle pas
d'exemples de semblables réactions ?

J'ai observé également que la présence du fer, en
petite quantité, facilite la production de l'or.

*Expériences faites à la Monnaie impériale de Paris, en
présence de M. LEVOL, essayeur.*

1re séance, commencée à une heure et demie et terminée à trois heures. Deux alliages d'argent exempts d'or
ont été fournis par M. Levol, l'un à 900 millièmes, l'autre à 850 millièmes ; une partie de chaque alliage a été
réduite en limaille, puis passée à l'aimant ; deux centigrammes de chaque limaille ont été projetés dans l'acide
nitrique à 40 degrés, versé préalablement dans les tubes
Certaines parties de limaille ne se sont dissoutes qu'après
une ébullition prolongée ; puis on a constaté dans cha-

que tube la présence d'un faible dépôt noir insoluble,
dans lequel il était possible de distinguer l'or produit; le
dépôt a été attribué à du charbon, du fer et à d'autres
impuretés. Selon moi, ce dépôt devait contenir de l'or,
Cette expérience n'a pas été poussée plus loin. Le reste
de chaque alliage a été traité séparément par le même
acide; celui dans lequel il entrait un peu de fer qui ne
s'est pas allié, a formé un dépôt qui a empêché de reconnaître si réellement il y a eu production d'or; l'autre
alliage a donné un faible dépôt d'or. Selon l'expression
de M. Levol, ce sont des millionièmes de milligrammes.
M. Levol prétend que cet or provient de l'argent qui
n'était pas pur; moi je pense qu'il a été produit dans la
réaction.

2me séance commencée à deux heures, terminée à
quatre heures. Trois échantillons d'argent, dont un
fourni par M. Levol et deux fournis par moi, ont servi
à ces expériences ; j'ai réduit en limaille quatre à cinq
décigrammes de chaque alliage, qui a été partagé en
deux parties à peu près égales. Une partie seulement de chacune des limailles a été passée à l'aimant,
puis elles ont été introduites dans des tubes séparés et
étiquetés ; j'ai versé par-dessus la limaille de l'acide nitrique pur à 40 degés ; l'acide a été porté à l'ébullition,

afin d'activer la réaction et d'abréger la durée de l'opération. Comme dans la première séance, la formation
d'un dépôt noir dans tous les tubes a été constatée·
Afin de rendre sensible la présence des·atomes d'or artificiel produit dans ces réactions, j'ai décanté la partie
limpide; l'acide se trouvant trop concentré, la décanta-
tion a été difficile à cause de la formation des cristaux
de nitrate d'argent; elle a été défectueuse surtout sur
les tubes étroits; puis, j'ai versé de l'acide sulfurique
pur dans les tubes sur le dépôt noir qui s'est dissout entièrement. Les tubes devaient être placés dans un bain
de sable et portés à une température de 300 et quelques
degrés; à défaut de bain de sable, les tubes ont été mis
dans un creuset rempli de sable et placé près de l'ou-
verture du fourneau à coupelles; les tubes sont restés là
jusqu'au lendemain à 10 heures; le feu n'ayant pas été en-
tretenu, la température n'a fait que décroître. Les tubes
visités n'ont donné aucune trace d'or. Je reconnus du premier coup d'œil que la température n'avait pas été assez
élevée, que, par conséquent, l'or ne pouvait pas être déposé, puisqu'il était maintenu en dissolution par l'acide
nitrique existant dans la liqueur. Je pris les deux grands
tubes contenant la même limaille d'argent; l'acide fut
porté à l'ébullition; il s'est dégagé immédiatement des

vapeurs nitreuses. Après une ébullition prolongée pendant près de deux heures, il s'est déposé de l'or dans l'un des tubes, l'autre n'en n'a pas fourni de traces ; l'ébullition dans ce dernier tube, n'avait pas été aussi régulière que dans l'autre. Il y a eu des soubresauts et des projections d'acide hors du tube ; i peut se faire que l'or précipité ait été entraîné avec l'acide qui s'est échappé au dehors.

Ainsi que je l'ai fait observer dans mes Mémoires, les résultats de mes expériences ne sont pas toujours identiques, tout en opérant avec les mêmes matières et sous l'influence de circonstances identiques.

Avant de quitter la Monnaie, j'avais commencé une troisième expérience sur le dépôt qui s'est formé dans la liqueur contenant les décantations des six tubes. Ce dépôt a été traité comme dans les autres tubes par l'acide sulfurique porté immédiatement à l'ébullition et maintenu en ébullition pendant plusieurs heures. Le lendemain, à mon arrivée à la Monnaie, on me dit que le tube était cassé ; l'acide coulait effectivement sur les parois extérieures du tube ; mais après un examen attentif, je reconnus que le tube n'était réellement pas cassé, et que l'acide ne pouvait provenir que des soubresauts qui l'avaient projeté en dehors. Je constatai dans le tube de faibles atomes d'or à peine visibles à la vue simple ; mais rien ne prouve que, cette fois encore, la majeure partie de l'or n'ait pas été projetée hors du tube.

M. Levol me dit alors : Vous voyez qu'il n'y a réellement pas d'or produit en quantité appréciable. Je reconnais, lui dis-je, que l'or déposé n'est pas en aussi grande quantité qu'il devait l'être, ce que j'attribue à la manière dont les tubes ont été chauffés. Je demandai alors à M. Levol de chauffer au bain de sable les quatre tubes qui restaient, afin d'opérer dans les mêmes circonstances que celles où j'opère à Grenelle. M. Levol me répondit : Nous en avons assez, nous savons à quoi nous en tenir ; quand vous aurez des procédés plus sûrs, et que vous produirez des quantités d'or appréciables, venez me trouver. Mais si j'en étais là, je n'aurais plus besoin d'encouragement. Ce que je sollicite, ce sont précisément les moyens de pouvoir continuer mes expériences et perfectionner ma découverte. Je ferai observer seulement ici que, quand on opère sur deux décigrammes de matière, il est très difficile d'avoir des quantités d'or appréciables ; ce que je tenais à constater, c'est qu'avec de l'argent chimiquement pur, je pouvais produire de l'or. C'est pour cela que j'insistais si vivement auprès de M. Levol, pour avoir de l'argent exempt de toute trace d'or.

8

En résumé, il me semble qu'il a été constaté :

1° Que certaines parties de limaille d'argent restent inattaquées dans l'acide nitrique, qu'elles ne se dissolvent qu'après un certain temps d'ébullition.

2° Qu'il se forme constamment un dépôt noir, plus ou moins abondant.

3° Que ce dépôt noir est entièrement soluble dans le mélange des deux acides nitrique et sulfurique.

4° Que le mélange de ces deux acides dissout l'or, ainsi qu'une expérience faite sur un morceau d'or pur l'a constaté ; selon moi il y a dissolution de l'or, et non désagrégation du métal.

5° Que l'or ne se dépose qu'après une ébullition prolongée et un dégagement abondant de vapeurs nitreuses.

6° Enfin, que l'or se dépose en pellicules excessivement minces, avec l'éclat de l'or métallique le plus pur.

7° Quant au fait capital, ce n'est point à moi à me prononcer : Je crois devoir m'abstenir.

M. Levol m'ayant dit qu'il n'y avait pas lieu à faire un rapport sur ces expériences, j'ai pris le parti de les rappeler ici, afin d'éclairer à cet égard le jugement des personnes au courant de mes travaux et de celles auxquelles j'avais annoncé ces expériences. Ce que je regrette infiniment, c'est que M. Levol n'ait pas eu assez de de temps disponible pour continuer et répéter ces expériences qui, après tout, ont été très onéreuses pour moi par la perte de mon temps et par mon déplacement, puisque je n'ai pour moyen d'existence que le produit de mon travail. Cependant, je n'ai point hésité un instant sur es sacrifices qu'allaient m'imposer ces expériences. Ce fut un grand désappointement pour moi de voir qu'on ne voulait ni les continuer ni me permettre de terminer celles qui étaient commencées ; où je croyais rencontrer aide et protection, je n'ai eu que la plus amère des déceptions ; on m'a opposé la plus cruelle fin de non recevoir.

On commence par trouver qu'il est difficile, sinon impossible, de préparer de l'argent chimiquement pur ; ce qui est bien autrement impossible pour les autres métaux, cuivre, fer, zinc, etc. La raison en est toute simple ; on emploie, pour les obtenir purs, les réactifs qui agissent sur eux en modifiant leur état moléculaire, dans un rapport plus ou moins restreint, suivant des circonstances inappréciables jusqu'à présent, et qui constituent le hasard des opérations ; ces parties ainsi modifiées sont aptes à passer à un état supérieur d'inaltérabilité en pré-

sence des agents oxydants. Il en sera de même pour
tous les métaux, si l'on cherche à les avoir à un état de
pureté parfait. C'est une étude à faire que de chercher
les causes qui modifient ainsi les propriétés des corps,
afin d'empêcher ces altérations moléculaires de se produire, et d'obtenir des métaux chimiquement purs ; autrement, il ne sera jamais possible d'y arriver. C'est, ce
me semble, pendant le passage d'un corps par ces divers
états d'oxydes, que certaines parties de ces métaux se
modifient entièrement (surtout en présence de la lumière solaire), mais en des quantités si faibles qu'elles ne
sont pas encore appéciables à nos moyens d'investigations. C'est à nous à nous tenir sur nos gardes, afin de
saisir la cause de ces variations pour les continuer
ou les arrêter à notre gré. Ce point obtenu, la transmutation des métaux deviendra un art des plus importants.

Selon notre manière d'envisager les métaux, ils doivent être formés seulement d'hydrogène, combiné de
diverses manières et en diverses proportions avec l'oxygène ; ces combinaisons formeront tous les métaux qui
existent et qui peuvent exister, lesquels seront plus ou
moins altérables ou oxydables selon qu'ils renfermeront
une plus grande quantité d'hydrogène, et d'autant moins

altérables qu'il renfermeront une plus grande quantité d'oxygène. Ainsi, d'après ces données sur cette classe de corps, il suffira pour rendre un métal parfait de lui faire absorber, dans certaines conditions, de l'oxygène ou de lui enlever de l'hydrogène, *et vice versa;* pour le rendre moins parfait, il ne faudra que lui enlever de l'oxygène, ou lui faire absorber de l'hydrogène.

Le métal pur primitif serait donc l'hydrogène inaltérable dans ses propriétés; nous ne le connaissons qu'à l'état gazeux ; nous n'avons encore pu le solidifier, ce qui nous aurait sans doute éclairé sur sa nature. L'eau serait donc un oxyde métallique liquide particulier, différent des autres qui sont solides, de même que nous avons un métal liquide, le mercure, tandis que tous les autres sont plus ou moins solides ; il ne peut rien y avoir d'étrange dans cette manière de voir, qu'on pourrait, après tout, appuyer de bien d'autres faits plus concluants que ne le sont les deux états d'être de ces corps à la température ordinaire.

Les travaux du célèbre Van Mons à ce sujet, publiés à Louvain, en 1825, montrent que des hommes de science ont déjà envisagé la question des métaux sous le même point de vue.

Les métaux qui doivent renfermer le plus d'hydrogène

seront l'ammonium, le potassium, le sodium, etc.; et ceux de la même série qui doivent en renfermer le moins par rapport à l'oxygène seront le platine, l'or, l'argent, etc. C'est ce qui est indiqué en quelque sorte, par leur densité, leur peu d'affinité pour l'oxygène, leur altérabilité en présence des oxydes alcalins des premiers métaux qui, au contraire, ont une faible densité et une grande avidité pour l'oxygène.

Je reconnais toute l'insuffisance des faits pour établir convenablement cette théorie des métaux, puisque je ne suis point encore parvenu à extraire l'oxygène d'un métal quelconque, de l'or par exemple, ce qui l'aurait ramené à l'état d'argent ou d'un autre métal. Malheureusement les appareils me manquent pour tenter des expériences dans ce but; il n'est peut-être pas donné à la science d'y arriver; mais, au moins, j'aurais voulu avoir la satisfaction d'avoir, par des essais suffisamment concluants, ouvert la voie à des recherches nouvelles d'une incalculable portée.

Qu'on me permette d'ajouter ici quelques mots sur les conséquences probables de cette découverte sous le rapport de nos intérêts, et de la suppression de notre monnaie d'or et d'argent.

Les métaux étant reconnus des corps composés, déri-

vant les uns des autres, la production de l'or artificiel
constatée, notre monnaie or et argent ne peut plus se
maintenir ; tôt ou tard, il faudra qu'elle disparaisse de
nos relations commerciales, pour devenir une marchandise, comme tous les autres produits de l'industrie humaine.

Il y a d'ailleurs des raisons très-plausibles de croire
qu'il doit en être ainsi dans un avenir très prochain ;
pour le moment, la suppression de l'or comme monnaie
semble imminente ; dans l'état actuel des choses c'est ce
qu'on peut prévoir rien que par l'abondante production
des mines d'or de la Californie et de l'Australie seulement, qui continuent de verser l'or outre mesure dans
la circulation.

La production de l'argent n'est plus en rapport ni
avec celle de l'or, ni avec les frais d'extraction, qui restent à peu près toujours les mêmes, pour les mines d'argent, parce que les filons argentifères sont d'une production plus uniforme que les filons aurifères, qui ne
peuvent être guère suivis avec succès, l'or ne se trouvant
que de place en place disséminé dans le sol, à peu de
profondeur au-dessous de la surface de la terre. C'est
ce qui a lieu dans les mines et surtout dans les *placers*,
esquelles fournissent la plus grande partie de notre or,

ce qui met l'extraction de ce métal à la portée de toutes
les bourses, en un mot, de tout homme travailleur ; de
plus ce métal se rencontre à l'état natif, il est vendu tel
qu'on l'extrait du sein de la terre.

Pour l'extraction de l'argent, au contraire, les conditions sont très-différentes. Ces mines ne sont la plupart
du temps productives qu'à des profondeurs de 100 à 200
mètres ; plusieurs sont exploitées à plus de 500 mètres
de profondeur ; l'épuisement de l'eau exige l'emploi de
machines puissantes ; de plus, ce métal n'est pas pur, il
faut le purifier, ce qui exige encore une main-d'œuvre
longue et coûteuse. Une grande avance de capitaux est,
comme on le voit, nécessaire pour exploiter les mines
d'argent, ce qui restreint considérablement l'extraction
de ce métal très-répandu, d'ailleurs, mais peu exploité.
On serait vraiment étonné du nombre de mines d'argent
déclarées seulement au Mexique dans un intervalle de
50 ans ; j'en pourrais citer 50,000 sur lesquelles un tout
petit nombre seulement est exploité. Ces faits expliquent
comment la production des deux métaux précieux ne
peut conserver un rapport à peu près constant, en
présence de l'exploitation des nouveaux gisements d'or
découverts depuis peu sur plusieurs points du monde,
et l'on en découvrira probablement bien d'autres. Dans

quelque lieu qu'ils se rencontrent, aussitôt qu'ils seront connus ils seront exploités, et leur exploitation pourra prendre en peu de temps une extension considérable. Aussi depuis longtemps la valeur respective des deux métaux précieux n'est-elle plus dans le rapport qui leur fut attribué dans le principe. On comprend combien l'extraction de l'or doit finir par porter préjudice à la monnaie d'or qui conserve toujours la même valeur, sans égard au prix de revient. C'est, il est vrai, le moyen de stimuler l'extraction de ce métal ; c'est une forte prime que tous les gouvernements lui accordent ; mais cet état de choses n'est pas stable, il peut et doit varier d'un moment à l'autre. Voyons où cela peut conduire quant à nos intérêts personnels ; dès à présent, ne voyons-nous pas chaque jour s'accroître l'abondance de l'or sur nos marchés, au détriment de l'argent qui disparaît de nos relations commerciales ?

Supposons que les États voisins de la France viennent tout à coup à supprimer l'or comme monnaie de leurs relations commerciales, et à ne plus l'admettre que comme marchandise ayant un cours variable ; c'est ce qu'a déjà fait la prévoyante Hollande ; on devra s'attendre dans ce cas à une baisse considérable de ce métal qui, n'ayant que peu de consommation dans l'industrie, n'aurait qu'un débouché fort restreint. Qu'on juge de la perturbation jetée dans la circonstance monétaire chez les nations qui posséderaient le plus d'or, et qui n'auraient pas pris l'initiative de la suppression de la monnaie d'or.

Il suffit, ce me semble, d'appeler l'attention des hommes compétents de mon pays sur ce sujet, pour qu'ils songent aux mesures les plus convenables à prendre dans l'intérêt de la nation.

En supposant qu'on retire l'or de la circulation monétaire, ce qui ne peut tarder longtemps, on n'aura encore fait autre chose que diminuer le mal, mais il subsistera toujours tant qu'on ne supprimera pas entièrement l'emploi des deux métaux précieux comme représentation monétaire des valeurs.

De ce qu'on est parvenu à produire de l'or artificiellement, on doit s'attendre également à ce que d'un jour à l'autre, on produira de l'argent, et cela d'une manière avantageuse, il n'y a pas à en douter. Aussitôt que ces découvertes seront reconnues et publiées, l'extraction des métaux précieux est trop coûteuse, pour qu'elle ne soit pas promptement délaissée et abandonnée pour être remplacée par l'industrie nouvelle de la transmutation des métaux communs en métaux précieux, ce qui permettra de faire passer le cuivre à l'état d'argent et d'or.

Il ne faudra pas longtemps pour que cette industrie devienne florissante, du moment où les hommes actifs et éclairés auront le courage de s'y mettre, sans être arrêtés par la crainte d'être traités d'alchimistes et d'insensés. Alors cet art commencera réellement à progresser ; l'appât du gain qu'offrira longtemps cette industrie fera que de toutes parts on se mettra à l'œuvre. Il ne sera plus nécessaire de s'expatrier pour se procurer ces métaux ; mais chez soi, au sein de sa famille, on pourra se livrer à ces travaux qui deviendront une source de bien-être pour l'humanité ; il ne sera plus nécessaire de se ruiner le tempérament pour extraire du sein de la terre ces métaux si rares comparativement à d'autres qu'on trouve partout en abondance ; il n'y a, comme on dit, qu'à se baisser pour en prendre.

La suppression de l'argent, comme monnaie, ne peut manquer de suivre celle de l'or, sans compter ici sur la transmutation des métaux, regardée encore par le public comme une illusion ; mais les progrès incessants que fait chaque jour la chimie, apprennent à purifier, à obtenir à l'état libre des métaux précieux par leurs propriétés, qui pourront être obtenus à des prix inférieurs à ceux des métaux précieux proprement dits. Ces nouveaux métaux pourront être alliés avantageusement à l'argent ; il sera très difficile de reconnaître la fraude, le faussaire ne serait, après tout, pas le seul coupable. Il vaudra mieux, je pense, supprimer en temps utile la monnaie d'argent, et ne garder comme menue monnaie, pour faciliter les échanges, qu'un alliage plus convenable que celui de billon. Les deux autres métaux, argent et or, seraient remplacés par du papier-monnaie que j'appellerai papier hypothécaire, parce qu'il devra représenter une propriété comme le billet de banque représente un lingot d'or ou d'argent.

Je termine ici cet exposé ; il suffira, je pense, pour le moment, pour faire comprendre la gravité de la question de la production artificielle des métaux précieux.

On le voit, je parle ici contre mes propres intérêts ; car la suppression de l'or, comme monnaie, enlèvera beaucoup de prestige et de valeur à ma découverte ; l'intérêt général, ce me semble, doit passer avant l'intérêt personnel ; je n'ai pour but que de faire profiter de mes travaux mon pays et la science.

SIXIÈME MÉMOIRE.

Présenté à l'Académie des Sciences le 25 décembre 1854.

SUR LA TRANSMUTATION DES MÉTAUX.

L'expérience suivante doit servir de base à la réalité de la découverte de la production artificielle de l'or. Faites dissoudre dans l'acide nitrique pur une pièce nouvelle de cinq francs, quoique cette pièce soit sensée ne pas contenir d'or. Elle en contient toujours des traces ; vous en trouverez plus qu'elle n'en contenait réellement. C'est que l'or produit dans cette réaction s'ajoute à l'or existant précédemment dans la pièce ; dans cette opération, l'or se dépose en petits flocons bruns rougeâtres qui nagent dans la liqueur ; étendez celle-ci d'eau distillée, puis filtrez cette même dissolution plusieurs fois de suite, afin d'en tirer tout l'or, précipitez-en l'argent par du cuivre pur, réduit de son chlorure par l'hydrogène ou par le sel marin purifié ; dans ce cas, lavez le chlorure à l'eau pure, puis à l'eau de chlore ; réduisez ensuite le chlorure par la craie et le charbon, ou bien encore par le gaz hydrogène ; fondez cet argent et convertissez-le en grenaille, en le dissolvant dans l'acide nitrique pur, vous aurez un dépôt d'or, quel que soit le moyen que vous avez employé. Filtrez de nouveau cette dissolution après l'avoir étendue d'eau distillée, vous en séparez l'or produit : continuez cette opération comme il a été dit plus haut, vous aurez encore de l'or ; répétez-la, même plusieurs fois de suite, vous aurez toujours de l'or en quantités d'autant plus appréciables que vous opérez sur de plus grande quantités de matière.

On m'objectera que l'or est fourni par le cuivre ou le sel marin, ou la craie et le charbon, ou l'eau dans laquelle on grenaille l'argent. Mais alors qu'on veuille bien m'indiquer un moyen d'obtenir de l'argent chimiquement pur. Si vous ne pouvez pas obtenir ce métal exempt de toute trace d'or, avouez donc si vous ne voulez pas affirmer franchement qu'il est possible qu'il se produise de l'or, dans ces réactions ; mais ne niez pas la possibilité du fait ce serait faire tort à vos connaissances. Il est vrai que dans les expériences ci-dessus on obtient des quantités d'or minimes qui ne sont pas toujours en proportion avec la quantité d'argent employé; j'espère avant peu en fournir l'explication.

Une analyse qui doit intéresser la science au point de
vue de la transmutation des métaux, est celle qui a été
faite par M. le duc Maximilien de Leuchtemberg (Mil-
lon et Reiset, *Annuaire de chimie*, 1848, page 81) sur le
précipité noir qui se forme quand on décompose le nitrate
de cuivre par l'électricité voltaïque, et qu'on se sert du
cuivre du commerce pour former les deux pôles. Il se
produit peu à peu au pôle positif, une poudre noire longtemps regardée comme de l'oxyde de cuivre impur ; cette
poudre a donné à l'analyse les métaux suivants :

Antimoine..	9,22	Fer........	0,30
Étain......	33,50	Nickel.....	2,26
Arsenic....	7,40	Cobalt.....	0,86
Platine....	0,44	Vanadium...	0,64
Or........	0,98	Soufre......	2,24
Argent	4,54	Sélénium....	1,27
Plomb.....	15,00	Oxygène....	24,84
Cuivre.....	9,24	Sable.......	1,90

Il serait utile de répéter cette expérience en employant du cuivre aussi pur que possible ; ce métal serait dissous dans l'acide nitrique pur, puis le nitrate de
cuivre serait soumis à l'action de la pile ; le précipité
qui se formerait étant soigneusement analysé, on verrait

si réellement on n'y trouve que de l'oxyde de cuivre ; sinon il faudrait recommencer de nouveau l'expérience
sur ce même cuivre ainsi purifié une seconde fois, former de nouveau du nitrate de cuivre, puis le soumettre
à l'action de la pile. S'il en résulte toujours de nouveaux
métaux en proportion à peu près constante, il faudra
bien admettre la formation de ces métaux pendant l'opération. On devra également par comparaison traiter une
égale quantité du même cuivre par l'acide sulfurique pur,
et examiner si les produits obtenus sont les mêmes, etc.
Aussitôt que le temps me le permettra, je compte répéter cette expérience, car l'électricité, j'en ai la conviction,
joue un puissant rôle dans ces métamorphoses.

De la transmutation des métaux au point de vue de la Géologie.

Les métaux, dans le sein de la terre, ne se trouvent
jamais seuls ; ils sont toujours associés plusieurs ensemble et forment, pour ainsi dire, des familles dont les individus ont d'autant plus de ressemblance, d'analogie,
de propriétés physiques et chimiques communes, qu'ils
seront plus proches parents. C'est, en effet, ce qui doit

être si, comme je le prétends, les métaux se forment et
passent d'un état inférieur à un état supérieur d'inaltérabilité. De même ils ne peuvent pas exister seuls ; par
exemple, le potassium et le sodium, qui ont une grande
analogie de propriétés, ne se rencontrent-ils pas toujours
ensemble en des proportions très diverses ? Ils s'allient
en toute proportion ; ils se substituent l'un à l'autre dans
les composés ; le sodium ne doit être qu'un dérivé du
potassium. Le nickel et le cobalt, par exemple, doivent
aussi être très-proches parents.

Le fer, le cuivre, l'argent et l'or, voilà des métaux
qui, selon moi, dérivent les uns des autres ; ces métaux
ont été l'objet principal de mes recherches ; je ne les ai
point choisis au hasard, mais bien suivant leur ordre de
conductibilité pour la chaleur, ainsi qu'ils sont classés
par M. Despretz. Cet ordre correspond également avec
celui de leur dureté ; le fer est plus dur que le cuivre,
le cuivre plus que l'argent, l'argent plus que l'or, l'or
plus que le platine.

Le platine devrait donc faire suite à l'or : c'est ce que
plus tard nous apprendra l'expérience ; il s'en faut de
beaucoup que leur densité soit dans le même rapport, ce
qui supposerait un mode d'agrégation moléculaire différent pour chacun de ces métaux. Nous ne pouvons pas

affirmer que les densités des métaux, tels qu'on les a obtenus, soient dans un même rapport. Je pense que pour
avoir le véritable rapport de densité qui existe réellement entre les différents métaux, il faudrait pouvoir les
obtenir tous au même degré de pureté, dans les mêmes
conditions d'électricité et de chaleur. Par exemple, les
obtenir tous cristallisés par un faible courant voltaïque,
dans des liqueurs également concentrées et à la même
température. On prendrait alors leur densité telle qu'elle
serait dans les métaux ainsi obtenus ; l'écrouissage et le
martelage qu'on fait subir aux métaux altèrent plus ou
moins leur état moléculaire. Ainsi l'or cristallisé qu'on
trouve à l'état natif possède une densité bien moins faible
que l'or fondu. Je pense que si tous les métaux que nous
connaissons étaient tous obtenus au même degré de pureté, il serait facile, *a priori*, de les classer suivant leur
ordre de génération, en se fondant principalement sur
leurs propriétés physiques.

M. Dufrénoy (*Minéralogie de Dufrénoy*, t. III,
p. 199) dit en parlant de l'or natif : « Les cristaux sont
nombreux et variés. Ils dérivent tous du cube. Les plus
abondants sont des octaèdres et des dodécaèdres. Ils
sont rarement isolés ; quelquefois ces cristaux sont grou-
pés sous forme de rameaux, comme je l'ai indiqué pour

le cuivre et l'argent. Leurs faces sont presque toujours
ternes, elles sont en général arrondies, même pour les
échantillons extraits de filons et qui, par conséquent,
n'ont subi aucun frottement. Cette disposition lui est
commune avec plusieurs métaux natifs et les arêtes des
cristaux sont arrondies comme celles de l'argent natif. »
Ces observations viennent encore à l'appui de ma manière d'envisager les changements moléculaires que subissent les métaux dans leurs différentes métamorphoses.

On sait, dans la pratique, que là où l'on rencontre
des mines d'or, les mines d'argent ne sont pas loin, et
que l'or renferme toujours de l'argent ou du cuivre ,
c'est que, dans la nature, les transformations ne s'effec-
tuent jamais complétement ; il reste toujours des atomes
du dernier métal, qui sert sans doute de ferment ou qui
agit par sa présence en facilitant le passage du métal
nouveau à un autre état supérieur d'inaltérabilité. Mais
l'inverse ne doit pas toujours avoir lieu ; là où l'on rencontre de l'argent, il peut bien se faire que cet argent ne
contienne pas d'or ; l'or dérivant de l'argent, cette transmutation peut fort bien n'être pas encore commencée, en
vertu de circonstances qu'on n'est point encore à même
d'apprécier. C'est, en effet, ce que la pratique nous ap-

prend. L'argent qui contient le plus d'or dans les mines
est toujours le plus près de la surface de la terre ; à mesure que ces mines deviennent de plus en plus profondes,
elles fournissent des quantités d'or de moins en moins
appréciables, et finissent même par ne plus en contenir
du tout.

L'or ne se trouve, comme je l'ai dit dans mon dernier Mémoire, qu'à peu de profondeur dans le sein de
la terre ; il n'y a que de rares exceptions ; où l'on a
rencontré de l'or à de grandes profondeurs, ce ne sont
que de ces cas fortuits qui ne doivent provenir que de
causes accidentelles.

De ce que l'or ne se trouve qu'à peu de profondeur au-
dessous de la surface de la terre, il faut donc en conclure que les agents extérieurs de l'atmosphère sont indispensables à la transformation de l'argent en or. L'eau,
ce puissant dissolvant de la nature, est-elle ce minérali-
sateur que j'appellerai par excellence, qui porterait dans
son sein les éléments de la transmutation des métaux,
laquelle se renouvelant sans cesse, porterait continuellement la nourriture propre à tous les individus de
cette grande famille, les éléments de l'air atmosphérique
aux différents métaux qu'elle rencontre sur son passage
conjointement avec les différents sels qu'elle dissout ?

En s'infiltrant dans les roches, l'eau permettrait à ces corps diversement associés entre eux, combinés de diverses manières avec les métalloïdes, en présence de courants voltaïques ou magnétiques et sous l'influence des masses, de déterminer la transmutation des métaux les uns dans les autres, et donnerait lieu dans ces mêmes circonstances à la transformation de l'argent en or.

Lors de mon passage à Saint-Ignacio, près Culiacan, j'examinais une nouvelle mine de sulfure d'argent qu'on venait de découvrir, où certaines parties de sulfure d'argent étaient rougeâtres et désagrégées avec l'apparence de la rouille. Les mineurs mexicains appellent cette substence particulière QUIJA DE ORO. Près de Cozala, la mine d'argent de M. Gonzalez contient beaucoup d'or elle est peu profonde, elle se trouve dans le voisinage des sources sulfureuses.

Le soufre et l'air comme la plupart des métalloïdes, doivent certainement influer puissamment sur ces métamorphoses. L'or est donc produit par l'oxydation des différents sels d'argent au contact de l'air atmosphérique dissous dans l'eau, conjointement avec les différents sels qu'elle dissout, en présence de courants électriques développés, sans doute, par l'action de ces sels les uns sur les autres.

Klaproth, sous le nom d'*électrum* a désigné un alliage
natif d'or et d'argent (*Minéralogie de Dufrénoy*, t. III,
p. 202). « On voit, dit Dufrénoy,des lamelles qui repré-
sentent la couleur jaune de l'or, tandis que d'autres sont
d'un blanc jaunâtre ; en sorte qu'en choisissant les parties différentes par la couleur, on obtiendrait des com-
positions très-variées. » N'est-ce pas là encore un de
ces faits que la nature nous montre comme exemple de
la transformation de l'argent en or ? Comment concevoir
et expliquer la formation de ces alliages si variés de ces
deux métaux dans un même minerai, si ce n'est par le
passage de l'argent à l'état d'or parce que certaines lamelles ont été plus proches du courant générateur que
j'appelle courant électrique, qui a favorisé dans certaines lames le passage d'une plus grande quantité d'argent
à l'état d'or, tandis que les autres, étant plus éloignées
ou ne recevant qu'une plus faible portion du courant,
ont produit dans le même temps des quantités d'or de
plus en plus faibles.

M. Dufrénoy dit encore, même page : « Les nombreuses analyses qui ont été faites des minerais d'or de
l'Amérique méridionale par M. Boussingault, et des minerais de la Russie par M. Gustave Rose, montrent que
l'argent et l'or se remplacent en toute proportion, même

dans les cristaux : » et il ajoute : « Ce résultat est naturel et devait se prévoir, ces deux métaux étant isomor-
phes. »

D'après les analyses mentionnées ci-dessus, M. Dufrénoy fait observer « que les proportions d'argent sont
très variables, la moyenne est environ 8 pour 100
pour les minerais de Sibérie, elle s'élève à 14 pour 100
pour ceux d'Amérique méridionale, ce qui établit une
différence remarquable entre les minerais d'or de l'ancien et du nouveau monde, bien que les gisements soient
absolument dans les mêmes conditions. »

Si c'est effectivement l'air, ainsi que je l'ai énoncé plus
haut, qui produit la transformation de l'argent en or, il
serait donc permis d'admettre, sous ce point de vue que
le nouveau monde a paru au-dessus des eaux bien plus
tard que les nôtre : en supposant que le passage de
l'argent à l'état d'or s'effectue graduellement aussi vite
dans l'ancien comme dans le nouveau monde, on peut
assigner à ces parties de continents l'époque respective de leur soulèvement ; c'est ce que plus tard les
géologues pourront déterminer et vérifier, si ces données
sont en rapport avec l'état chronologique des soulève-
ments partiels du monde.

LES MÉTAUX SONT DES CORPS COMPOSÉS

DEUXIÈME PARTIE

PREMIER MÉMOIRE

La seconde partie de mes travaux a pour but la recherche des causes qui régissent les métamorphoses des corps métalliques les uns dans les autres ; comme on le voit, le problème à résoudre est des plus ardus. Malgré les résultats auxquels je suis arrivé dès à présent, je n'ai point la prétention de le résoudre complétement ; j'aspire seulement à découvrir quelques-unes des causes qui influent le plus puissamment sur ces différents corps, et qui les portent à modifier leur état moléculaire en passant d'un état inférieur à un état supérieur d'inaltérabilité. Si je parviens à faire faire un pas de plus à cette partie de la science métallurgique des transmutations, je me trouverai suffisamment récompensé.

On trouvera peut-être que c'est de ma part une grande témérité de vouloir persévérer à poursuivre ces recherches, quand trop d'éléments me manquent à la fois :
temps, appareils et livres que je n'ai pas le loisir d'aller
consulter dans les bibliothèques. Je m'expose à répéter
des expériences qui ont pu déjà être faites ; dans ce
cas elles auraient pu me servir et me guider dans
les expériences que je poursuis sous un point de vue
différent. C'est une entrave de plus à mes recherches ;
malgré cela, je n'en continuerai pas moins mes travaux,
parce que je suis fermement et profondément convaincu.
J'ai fait de l'or, j'en fais encore tous les jours, en quantité
très limitée, il est vrai, par des moyens dispendieux,
mais je touche peut-être au moment de livrer au monde
savant un procédé vraiment industriel pour faire de l'or,
un procédé rentrant dans les conditions de la grande industrie, comme on fait du verre ou du bronze, comme
M. Deville va faire un de ces jours de l'aluminium.

Je n'ai point à entretenir mes lecteurs de ma position
personnelle ; je me bornerai simplement à exposer mes
expériences et les résultats auxquels je suis arrivé, en
exprimant tous mes regrets que ces expériences ne soient
pas aussi complètes qu'elles devraient l'être, comme elles

le seraient si j'avais pu employer des appareils plus convenables à ces sortes de recherches.

La lumière solaire, cet agent complexe, me semble
être, comme je l'ai déjà dit, un des éléments importants
dans l'œuvre des métamorphoses des corps ; il doit agir
sur la matière par son action plus ou moins prolongée,
en lui communiquant de nouvelles propriétés électriques et chimiques en vertu desquelles les molécules matérielles peuvent s'associer de différentes manières, en
différentes proportions, suivant des arrangements moléculaires particuliers pour chacun des corps.

La lumière solaire doit aussi agir continuellement sur
les molécules atmosphériques en les fécondant, c'est-à-
dire en les rendant propres à servir à la perfectibilité de
tous les êtres vivants et inanimés. La lumière solaire
n'influe-t-elle pas puissamment sur tous les êtres végétaux et animaux, qu'elle semble en quelque sorte vivifier?
De même, il me semble qu'elle doit agir sans interruption dans l'acte des métamorphoses des corps métalliques, c'est ce qui m'a déterminé à entreprendre mes expériences de transmutation sous son influence, je pense
qu'en outre elle facilite et active considérablement certaines réactions chimiques.

Dans cette seconde partie de mes expériences, je fais

intervenir la lumière solaire dans le but de tâcher de déterminer son action dans l'acte des transmutations, d'une
part en les comparant aux expériences faites à l'abri de
l'influence de la lumière, de l'autre en comparant ses
effets à ceux de l'étincelle électrique, du courant voltaïque et magnétique dans ces mêmes expériences.

Voici le résumé des questions que traitera cette seconde partie :

1° Quelle est l'action prolongée de la lumière solaire
sur les gaz confinés secs et humides, soit isolés, soit
mélangés ou combinés entre eux ?

2° Quelle est l'influence prolongée de l'étincelle électrique du courant voltaïque et magnétique sur ces mêmes
gaz seuls et en présence de la mousse de platine ?

3° Quelle est l'action prolongée de la lumière solaire
sur les gaz confinés secs et humides, en présence des
métaux seuls et alliés entre eux ? Répéter ces mêmes expériences à l'abri de la lumière solaire.

4° Quelle est l'action prolongée du courant voltaïque
et magnétique dans ces mêmes expériences, en plaçant
les métaux dans le circuit voltaïque ?

5° Soumettre à ces mêmes expériences les minerais
tels qu'ils se rencontrent dans les mines.

6° Vérifier l'influence de la température, qui certaine-

ment doit exercer des actions très diverses sur la marche
et les résultats de ces différentes expériences. Il faudrait
des appareils convenables pour qu'on puisse produire
dans ces essais de transmutation des températures pouvant être élevées graduellement en les maintenant à un
degré constant pendant toute la durée de l'expérience.
C'est par ces opérations de tâtonnement qu'on parvien-
dra à saisir les températures convenables pour arriver avec
certitude aux résultats qu'on veut obtenir ; hors de là,
jamais on ne possédera une voie sûre pour procéder
avec sécurité.

Le calorique est une force incalculable qui agit à l'infini sur la matière et qui modifie à chaque instant son
état. Cette force agit dans la plupart des cas comme le
ferait la lumière solaire ; aussi je pense qu'on peut remplacer l'une par l'autre en l'appliquant convenablement.

Le calorique et l'électricité sont deux agents impon-
dérables de forces incalculables qui agissent continuellement dans l'œuvre des métamorphoses des corps ; c'est
par l'application de ces forces aux métaux, en présence
des composés oxygénés de l'azote, que se résoudront les
problèmes de la transmutation des corps métalliques les
uns dans les autres.

Mes moyens ne me permettant pas d'entreprendre à

la fois toutes ces expériences, je m'attacherai principalement à celles qui ont été la base de mes premiers travaux.

La plupart des expériences que j'entreprends, pour
avoir plus de portée, devraient être prolongées plus longtemps et être faites avec tous les soins possibles ; l'insuffisance du temps conduit souvent à des résultats négatifs
qui auraient pu devenir, par la suite, positifs. Aussi ne
me rebuterai-je point de ces premiers essais, quand
même ils ne seraient pas couronnés du succès que j'en
attends.

Voici quelques-unes des expériences que j'ai entrepri-
ses à la température ordinaire ; elles ont été prolongées
pendant plus d'une année.

1ʳᵉ *expérience.* — J'ai suspendu dans un flacon d'un
litre rempli d'oxygène humide, un morceau d'argent fin
à mille millièmes, à l'aide d'un fil de platine que j'ai fixé
avec un peu de gomme laque à la partie inférieure du
bouchon à l'émeri ; l'appareil fermé est resté exposé à la
lumière solaire ; au bout de six semaines, la grenaille
d'argent avait pris dans certaines parties une teinte légèrement jaunâtre. Ces parties ont continué, avec le temps
à prendre une teinte de plus en plus foncée ; au bout de
six mois, elles avaient acquis une teinte rouge-jaunâtre

comme l'oxyde de fer ; pendant les six derniers mois de la durée de l'expérience, la couleur de l'oxyde n'a plus changé. L'oxydation ne s'est pas propagée sur toute la surface de la grenaille, dont certaines parties sont restées avec l'éclat et le brillant de l'argent. Cette particularité m'a porté à penser que les parties oxydées sont celles qui ont été en contact avec les doigts, sans doute que la partie grasse et acide qui a adhéré à l'argent a condensé l'oxygène dans les parties dont elle a déterminé l'oxydation. Cet oxide, pour être réduit par la chaleur, a nécessité une température plus élevée que l'oxyde ordinaire ; il a passé par la coloration noire avant que l'argent eût repris sa blancheur naturelle.

2ᵉ *expérience*. — J'ai suspendu, par un moyen analogue au précédent, dans un flacon bouché à l'émeri, un petit tube fermé par un bout contenant de l'argent fin précipité. L'expérience a duré le même temps que la précédente, sans qu'il y ait eu oxydation de l'argent qui a conservé pendant tout le temps le même éclat ; j'ai observé qu'il s'est dissous plus difficilement dans l'acide azotique.

3ᵉ *et* 4ᵉ *expériences*. — J'ai répété les deux expériences dans le protoxyde d'azote : la grenaille d'argent a été suspendue comme précédemment ; elle s'est oxydée dans

quelques parties seulement qui ont passé au jaune pâle
et n'ont pas foncé en couleur comme dans la première
opération. J'ai attribué la formation de l'oxyde à la même
cause qui avait produit l'oxydation de l'argent dans l'oxygène.

L'argent fin précipité de sa dissolution azotique acide
par du cuivre pur, puis lavé et séché, a été suspendu dans
le protoxyde d'azote; il ne s'est nullement oxydé; il a conservé pendant tout le temps son brillant primitif. Ce
même argent, traité par l'acide nitrique, s'est dissous
sans dégagement de gaz.

5ᵉ *expérience.* — J'ai répété l'expérience précédente
dans le deutoxyde d'azote humide ; l'argent s'est dissous
sans que j'aie pu distinguer la formation du gaz nitreux ;
le flacon était peut-être mal bouché, ce qui aura permis
la formation du gaz nitreux par la rentrée de l'oxygène
et par suite la dissolution de l'argent.

EXPÉRIENCES FAITES SOUS L'INFLUENCE DU COURANT
VOLTAÏQUE.

1ᵉʳ *expérience faite à l'abri de la lumière solaire directe.* — J'ai suspendu au moyen d'un fil de platine un
gramme d'argent fin en grenaille dans un ballon à trois

tubulures rempli d'oxygène humide ; par les deux tubulures de côté j'ai fait passer les pôles de deux éléments de Bunsen, les pôles venaient aboutir à quelques millimètres de l'argent. Au bout d'un mois, l'argent avait pris dans toutes ses parties une teinte uniforme d'une couleur jaune d'ambre ; j'ai continué encore quinze jours cette expérience sans observer aucun phénomène particulier. L'oxydation de l'argent n'ayant pas changé de couleur, j'ai démonté l'appareil ; la grenaille pesée avait augmenté de 5 milligrammes, j'ai continué de nouveau l'opération après avoir rempli le ballon d'oxygène et ai chargé de nouveau la pile ; au bout de trois semaines, l'appareil ayant été démonté, l'argent pesé n'avait pas sensiblement augmenté en poids, sa couleur était devenue seulement un peu plus foncée.

2e *expérience*. — J'ai remplacé dans cette expérience l'oxygène par le protoxyde d'azote, l'appareil est resté le même ; au bout de quinze jours, l'argent était oxydé et avait la même couleur que dans l'expérience précédente. J'ai continué l'opération encore huit jours, l'argent pesé avait augmenté de 6 milligrammes. J'ai renouvelé le gaz et chargé de nouveau la pile : au bout de quinze jours l'appareil ayant été démonté, l'argent pesé n'avait pas sensiblement augmenté de poids, l'oxyde était seulement devenu d'une couleur plus foncée, il était plus dense et moins attaquable aux acides simples, sulfurique et nitrique, que celui de l'expérience précédente.

3e et 4e expériences. — J'ai répété les deux opérations précédentes sous l'influence de la lumière solaire avec un seul couple de Bunsen; l'oxydation de l'argent s'est effectuée plus promptement dans ces deux expériences, et c'est encore dans le protoxyde d'azote qu'elle s'est effectuée plus rapidement; l'oxyde formé avait également plus foncé en couleur dans le protoxyde d'azote que dans l'oxygène. L'oxydation s'est également arrêtée au bout de quelques jours comme dans les expériences précédentes; c'est que l'oxyde forme une espèce de vernis insoluble qui empêche l'oxydation de se continuer plus profondément.

5e et 6e expériences. — J'ai placé dans le courant d'un circuit voltaïque d'un couple de Bunsen, un morceau d'argent fin en grenaille de 0,745 milligrammes dans de l'oxygène confiné; l'expérience a eu lieu sous l'influence directe des rayons solaires. L'oxydation de l'argent a été bien plus prompte que dans les expériences précédentes. Au bout de huit jours, tout le morceau d'argent était devenu complétement noir; au bout de quinze, l'appareil était démonté, l'argent avait augmenté de 8 milligrammes.

10

J'ai recommencé l'opération et l'ai continuée encore
quinze autres jours ; la grenaille d'argent pesée avait augmenté de 5 milligrammes. J'ai prolongé l'expérience pendant trois semaines en renouvelant le gaz et l'acide ; au
bout de ce temps, la grenaille pesée n'avait augmenté
que de 1 milligramme 1/2.

J'ai traité la grenaille d'argent par l'acide sulfurique
pur à froid ; il s'est dégagé quelques bulles de gaz au
commencement, mais l'oxyde ne s'est nullement dissous.
J'ai retiré la grenaille après l'avoir lavée à l'eau pure ; je
l'ai plongée dans l'acide nitrique pur à 40° ; l'oxyde ne
s'est nullement dissous, seulement il s'est détaché de la
grenaille. Cet oxyde traité par le mélange de deux acides, sulfurique et nitrique, s'est immédiatement dissous.

Cette même expérience ayant été répétée dans le
protoxyde d'azote, l'argent s'est encore oxydé plus rapidement, et l'oxyde produit était plus dense et plus noir
que celui obtenu dans l'oxygène ; il était moins attaquable aux acides, mais soluble également dans le mélange
des deux acides.

Cette même expérience étant répétée dans le deutoxyde d'azote, toujours en plaçant l'argent dans le circuit
voltaïque, il s'est oxydé très rapidement sans offrir rien
de particulier dans la marche de l'opération qui a sensi-

blement été plus prompte que dans l'expérience précédente ; dans ces trois expériences, l'oxydation de l'argent
a commencé à se développer sur les parties saillantes de
la grenaille qui ont passé promptement au noir, tandis
que les parties creuses qui ont passé au rose verdâtre,
puis au violet, qui a foncé en couleur par l'action du
temps, mais sans acquérir la même intensité que dans les
pointes et les autres parties saillantes.

Ces trois expériences ont été répétées dans mon laboratoire, beaucoup plus de temps y a été consacré ;
cependant l'oxyde formé n'a point acquis les mêmes
propriétés que celui obtenu sous l'influence du soleil.

J'ai remarqué que l'oxyde d'argent obtenu dans l'oxygène, dans le protoxyde et le deutoxyde d'azote, sous la
double influence du circuit voltaïque et de la lumière
solaire, nécessite pour être réduit une température de
plus en plus élevée ; les parties qui sont les dernières à
se dissoudre sont celles qui se sont oxydées les premières.
L'oxyde devient aussi de plus en plus insoluble dans les
acides simples, sulfurique et nitrique. 2° Que les oxydes
obtenus dans ces mêmes expériences à l'abri de la lumière solaire, nécessitent toujours une température
plus élevée, pour être réduits, que l'oxyde obtenu par
les procédés ordinaires.

N'ayant pu obtenir que de petites quantités d'oxydes par ces moyens, je me propose de recommencer ces expériences en opérant sur de la limaille d'argent soumise à l'influence du courant voltaïque, ce qui me permettra d'obtenir à la fois une plus grande quantité d'oxyde et de faire de nouvelles expériences sur cet oxyde obtenu par ces divers moyens.

J'espère présenter sous peu à l'Académie un second mémoire qui comprendra une partie de mes autres expériences que je continue depuis longtemps et qui approchent de leur terme. Elles mettront, je n'en doute pas, dans un nouveau jour, la possibilité de la transmutation de l'argent en or, c'est-à-dire le phénomène tout entier si longtemps contesté et désormais incontestable, de la transmutation des métaux.

LES MÉTAUX SONT DES CORPS COMPOSÉS

DEUXIÈME PARTIE

DEUXIÈME MEMOIRE

PRODUCTION ARTIFICIELLE DE L'OR PAR L'OXYDATION
DES SULFURES.

Les pyrites en décomposition fournissent presque toujours de l'or, c'est un fait bien connu, que j'ai eu occasion d'observer dans plusieurs contrées du Mexique,
spécialement près de Sapotran el Grandé, où se trouve
une montagne du sulfure de fer en décomposition. La
rivière qui passe au pied de cette montagne charrie de
l'or en assez grande quantité pour donner lieu, dans la
saison des pluies, à une exploitation lucrative.

Dans la contrée de Guanajuato, près des mines de la
Luz, où il existe aussi des pyrites en décomposition, on
rencontre des veines d'or ; à la vérité, elles ne sont pas

riches, mais elles confirment ce fait que, dans le voisinage des pyrites, on peut presque toujours constater la présence de l'or. J'ai pu m'assurer que ces pyrites contiennent des traces de sulfure d'argent. Dans mon opinion, c'est ce sulfure qui produit le plus directement l'or ; les autres sulfures peuvent éprouver la même transmutation, mais plus lentement, par un travail plus long, et le plus souvent en passant par différentes stations intermédiaires, tandis que le sulfure d'argent passe directement à l'état d'or.

Dans la première partie de mes mémoires sur la transmutation des métaux, j'ai signalé la mine de sulfure d'argent de M. Gonzalès, près de Cozala, comme l'une des mines de ce sulfure les plus riches en or qui soient dans tout le Mexique. Cette mine, peu profonde, est voisine de sources d'eau chaude sulfureuse ; la transmutation du sulfure d'argent en or doit être certainement favorisée par l'élévation de température produite par la proximité de ces eaux thermales.

Guidé par ces observations, j'ai entrepris une série d'expériences, dans le but de constater si réellement, dans la décomposition des sulfures il se produit de l'or. Cinq de ces expériences ont été commencées en 1852 ; sur ce nombre, deux seulement, la seconde et la troisième, ont pu être amenées à donner un résultat.

2ᵉ *expérience*. — J'ai formé un mélange des substances suivantes :

Silice pulvérisée.	30 parties.
Alumine.	20 —
Fer.	15 —
Cuivre.	15 —
Argent.	20 —

A ces substances obtenues à leur plus grand état possible de pureté, avant d'en opérer le mélange, j'ai ajouté de la fleur de soufre, puis j'ai chauffé pour dégager l'excès de soufre ; j'ai divisé de nouveau la matière, et je l'ai laissée pendant deux mois exposée au contact de l'air. Au bout de ce temps, je l'ai arrosée avec de l'eau aiguisée de 15 p. o/o d'acide nitreux. J'ai eu soin d'agiter de temps en temps pour donner accès à l'air, et j'ai maintenu le tout constamment humide, en l'arrosant du même liquide. Au bout d'un certain temps, la matière s'est oxydée ; il s'est formé des cristaux, des sulfates, des métaux en présence; la matière a pris une nuance verte. Afin que l'oxydation fût aussi complète que possible, j'ai continué à opérer de même pendant toute une année. Alors seulement j'ai soumis la matière à un essai pratiqué en petit : j'ai obtenu des traces appréciables d'or.

J'ai soumis la matière à une chaleur assez forte pour

décomposer les sulfates formés dans la première partie
de l'expérience. J'ai ajouté de nouveau de la fleur de
soufre en quantité suffisante pour transformer en entier
la matière en sulfures.

J'ai recommencé l'expérience et l'ai continuée comme
je viens de l'exposer, sans y apporter aucune modifica-
tion ; j'ai renouvelé trois fois toutes les mêmes manipulations. La matière, essayée par le mercure, m'a donné,
sur cent parties d'argent, 0,0012 d'or.

3e expérience. — J'ai employé, pour cette expérience,
les mêmes substances, dans les mêmes proportions que
pour l'expérience n° 2. J'ai fait dissoudre tous ensemble
les métaux dans l'acide nitrique pur. J'ai ajouté à la dissolution la silice et l'alumine pulvérisées ; j'ai fait passer
dans la liqueur un courant d'hydrogène sulfuré, jusqu'à
précipitation complète des métaux dissous. J'ai fait évaporer jusqu'à siccité, puis j'ai exposé la matière au contact de l'air. La silice et l'alumine ont facilité la division
des sulfures, et, par conséquent, l'accès de l'air dans la
masse ; mon but était d'activer l'oxydation et de vérifier
en même temps si la présence de la silice et de l'alumine
ne favoriserait pas la transmutation. Au bout de six semaines, j'ai arrosé la matière avec un peu d'acide nitrique
étendu de quinze parties d'eau. J'ai continué cette ma-

nıpulation comme dans l'expérience précédente. Quand la masse a été oxydée en totalité, j'en ai fait l'essai ; l'or m'a paru être en quantité plus faible que dans l'expérience n° 2. J'ai ajouté assez d'eau pour dissoudre tous les sels solubles qui s'étaient formés, puis j'ai fait passer dans la dissolution un courant d'hydrogène sulfuré, pour transformer de nouveau les métaux en sulfures ; j'ai évaporé l'excès de liquide, et poursuivi l'opération comme ci-dessus. J'ai répété trois fois cette même opération, sans avoir eu à signaler dans sa marche aucune particularité. La matière, essayée comme précédemment par le mercure distillé, m'a fourni, sur cent parties d'argent, 0,0010 d'or.

Le résultat de l'expérience n°1 a été perdu : j'avais augmenté, pour cette expérience, la proportion de la silice et de l'alumine, et diminué celle des métaux ; après avoir sulfuré la matière, j'y avais fait passer, à différentes reprises, un courant de protoxyde, et de deutoxyde d'azote, en le faisant alterner avec un courant d'air.

L'expérience n° 4 a eu le même sort que l'expérience n° 1 ; j'avais ajouté au mélange précédent du zinc et de l'antimoine, avec un peu de chaux et de potasse. Les métaux avaient été dissous dans l'acide nitrique ; l'opération avait dû être continuée comme dans la précédente expérience.

L'expérience n°5 était entreprise dans des conditions un peu différentes. Comme dans l'expérience n° 3, je n'avais opéré que sur le fer, le cuivre et l'argent, en supprimant la silice et l'alumine, afin de m'assurer si elles contribuaient, oui ou non, par une action quelconque à l'acte de la transmutation.

C'est avec une douleur que les expérimentateurs comprendront aisément, que j'ai vu se perdre ces expériences ; je pouvais en recueillir des données précieuses, d'après lesquelles j'aurai opéré plus sûrement. Mais il m'est arrivé ce qui, malheureusement, a lieu trop souvent pour les expériences de longue durée, quand celui qui les entreprend n'est pas maître de son temps : l'homme propose, et les affaires disposent.

Ce qui m'a fait terminer, plus tôt que je ne l'aurais dû pour arriver à un meilleur résultat, les deux expériences dont je viens de donner l'exposé très sommaire ; c'est la crainte de voir, en les prolongeant, se briser mes appareils. Par des essais renouvelés à différentes reprises pendant le cours de ces expériences, je me suis convaincu qu'à mesure que la quantité d'or augmente dans la matière, la quantité déjà produite en activait la

production nouvelle ; il y a par conséquent tout à gagner
à continuer et a prolonger l'opération. Il ne me peut
plus rester aucun doute sur ce fait que dans l'oxydation
des pyrites, il se produit journellement de l'or, mais que
cet or n'apparaît que lorsque la transmutation des parties métalliques, modifiées dans leur état moléculaire,
est complète. Or, il arrive souvent que ces parties modifiées dans la pyrite en décomposition, sont entraînées
par les eaux dans le cours d'une rivière ou d'un fleuve
voisin, où s'achève la transformation d'un métal dans un
autre ; le mouvement continuel que procure l'eau à ces
molécules doit faciliter beaucoup cette opération, en les
mettant à même, dans leurs parcours, de condenser la
quantité de gaz propre à l'accomplissement de cette mé-
tamorphose. C'est ce qui expliquerait pourquoi on
n'aperçoit pas toujours l'or sur les lieux mêmes du
gisement de la pyrite, parce que là les matériaux, ne sont
pas toujours propices à l'achèvement de ce phénomène.

Les matières employées dans mes expériences, et les
proportions de ces matières, ont été choisies et déter-
minées un peu au hasard. Ce n'est qu'en répétant les
manipulations qu'on arrivera à des données plus certaines, et qu'on connaîtra mieux les corps les plus aptes
à activer le phénomène de la transmutation. La pré-

sence des chlorures, des bromures, des iodures et celle
du soufre allié aux métaux, sont de simples intermédiaires dont le rôle est d'activer la transmutation, la
condensation de gaz qui s'effectue dans la matière et lui
donne la forme du métal le plus parfait en produisant
de l'or. C'est ce que je me propose de rendre encore
plus évident par de nouvelles expériences.

N'importe, j'avance lentement vers le but, mais j'a-
vance. D'après les expériences que je poursuis, j'espère
qu'avant peu on composera des *placers* artificiels pour
la production de l'or, tout comme on forme des nitrières
artificielles : au fond, l'un n'est pas plus difficile que
l'autre. De même qu'on le fait pour les nitrières, on fera
intervenir l'air atmosphérique, d'où nous recevons tant,
et où tout retourne. C'est à nous à favoriser son action
sur les matières que nous voulons transmuter ; lui seul
fera le reste, à ses dépens, dans un temps dont la durée,
plus ou moins longue, variera suivant la température, la
nature des corps que nous aurons mis en présence, ou
les milieux dans lesquels nous aurons fait intervenir cet
agent universel. En multipliant et variant les expériences
de transmutations, nous rencontrerons infailliblement
les moyens d'opérer promptement : alors les bénéfices
pourront être immenses.

Je suis convaincu que si l'on opérait sur un sol convenablement approprié à ces sortes de transmutations, on arriverait à de meilleurs résultats qu'en opérant dans des vases de terre, dans lesquels l'action des courants magnétiques est faible ou presque nulle. Or l'action de ces courants doit être pour beaucoup dans les changements de l'état moléculaire de la matière, ce qui lui permet d'absorber ou de condenser de nouvelles quantités de gaz, et d'acquérir ainsi des propriétés entièrement nouvelles, propriétés qui ne changeront que quand son état moléculaire sera rompu par son passage dans un nouveau genre.

Du train dont marche le progrès des sciences, ce qui eût, il y a un siècle, demandé cinquante ans et plus, pour l'utilisation pratique d'une idée féconde, peut de nos jours se réaliser en moins de dix ans, surtout si les efforts tentés dans ce but sont encouragés par une prime d'une valeur significative.

Pour moi, s'il m'arrive de voir se fonder, dans la plaine de Grenelle, une usine où l'on composerait des placers artificiels pour la production de l'or, placers d'abord égaux et, plus tard, de beaucoup supérieurs en richesse à ceux de la Californie, je déclare que je n'en serai pas surpris ; car, dans ma conviction, tous les pla-

cers du monde sont destinés à rester un jour bien en
arrière de cette industrie, actuellement dans sa période
d'incubation. Avec mes convictions ardentes et fermes,
c'est un grand crève-cœur pour moi de n'avoir qu'un
temps limité à consacrer à ces expériences, qui ont pour
moi tant de charmes, et tant d'avenir pour le genre humain.

Je ne ... te pas, je n'ai jamais douté, que les alchimistes aient pu certainement faire de l'or, en faire beaucoup et réaliser des fortunes colossales : leur secret est
mort avec eux. Il n'en sera plus désormais ainsi pour personne ; tout le monde pourra faire de l'or, mais par des
procédés variés, les uns avec perte, les autres avec bénéfice ; toute la question est là : longtemps encore, la
solution du problème sera dans les manipulations.

Qu'il me soit permis de relever ici un fait très digne
de remarque, et qui coïncide tout-à-fait avec mes idées.
Depuis que de nouveaux procédés d'affinage, qui datent
d'un demi-siècle environ, ont permis de retirer l'or con-
tenu dans les anciennes monnaies d'argent, de grands
bénéfices ont été réalisés par ceux qui ont pratiqué en
grand cet affinage.

Les pièces postérieures à l'introduction de ces procédés ne contiennent plus que des traces d'or ; c'est du

moins ce que pensaient ceux qui ont présidé à leur fabrication. Comment se fait-il donc qu'aujourd'hui voici
qu'on se remet à rechercher notre monnaie d'argent, qu'on
affirmait ne plus contenir d'or, et qu'on réalise des bénéfices en en retirant néanmoins de nouvelles quantités d'or,
ce qui fait que, de jour en jour, notre monnaie d'argent
disparaît de la circulation ? Le fait ne peut pas être nié.

Sans sortir du point de vue purement chimique de la
question, je fais remarquer que ceux qui fondent des
pièces de monnaie d'argent, pour en retirer de l'or opèrent une véritable *transmutation ;* de l'or artificiel se produit et s'ajoute à l'or existant déjà dans la pièce de monnaie ; c'est par là qu'en dépit de manipulations dispen-
dieuses, la fonte et l'affinage des monnaies d'argent procure des bénéfices élevés. On n'entrevoit pas de terme
à cet état de choses qui, par le perfectionnement des
procédés pour la transmutation, ne peut que prendre plus
d'extension de jour en jour ; il conduit, ainsi que je l'ai
prévu dans la première partie de mes mémoires, à la
démonétisation de l'or, fait déjà accompli dans la Hollande, puis à la démonétisation de l'argent. Les métaux
précieux cesseront d'être le signe des valeurs ; ils seront
marchandise, tout simplement, et le soleil ne s'en lèvera
pas moins à son heure.

En attendant, l'art des transmutations, cet art qui doit
si profondément remuer le monde, progresse et s'avance
vers sa période industrielle ; qu'on essaie donc de le
nier ?

———

CONFÉRENCE

Faite à Paris, le 16 Mars 1889

MESSIEURS,

Encouragé par le bienveillant accueil fait par le public à mes premières conférences, malgré quelques critiques amères qui s'y sont mêlées. Je viens aujourd'hui vous remercier de votre aimable concours, et je vous promets de n'épargner rien pour le mériter de plus en plus. C'est pourquoi, Messieurs, je me présente à nouveau devant vous, pour vous donner une preuve de plus de la réalité de ma découverte et de son importance.

Messieurs, vous le savez, je ne suis ni un charlatan ni un de ces hommes sans foi ni loi qui font argent de tout je ne veux et ne cherche qu'une chose, la gloire et le bonheur de ma Patrie. Humble disciple des Hermès, des Paracelse et des Van Helmont, je m'honore du titre d'Alchimiste, titre jadis synonyme de sorcier, titre diffi-

11

cile à porter, dangereux même à soutenir pendant cette
longue suite de siècles d'ignorance et de superstition, où
tout phénomène chimique passait pour i'œuvre du dé-
mon, siècles à certains égards peu dignes de regrets, où
un simple fabricant d'allumettes eût été brûlé vif sur un
bûcher allumé avec les produits de son industrie.

Oui, Messieurs, je suis alchimiste, j'ai fait de l'or, j'en
fais encore tous les jours, en quantité très limitée, il est
vrai, et dans les conditions d'une expérience de laboratoire ; mais je touche peut-être au moment de livrer au
monde savant un procédé pour faire de l'or dans les conditions de la grande industrie, comme on fait du verre,
du bronze, comme M. Deville est parvenu à faire de
l'Aluminium, comme on fait aujourd'hui du Magnésium.

Voilà bientôt 50 ans que je lutte pour faire connaître
cette vérité de l'or artificiel, basée sur un fait indénia-
ble.

Pris en pitié par les uns, tourné en dérision par les
autres, repoussé durement par ceux qui semblaient devoir le mieux m'accueillir, je suis aujourd'hui à me demander : que faut-il faire, que faut-il dire, après toutes mes
affirmations de sincérité restées stériles. L'incrédulité à
mon égard est tellement grande qu'on se bouche les
oreilles pour ne pas entendre, et qu'on ferme les yeux

pour ne pas voir ; tant on est fanatisé par cet or, on ne
veut rien entendre qui puisse porter atteinte à sa valeur,
à sa puissance, en un mot, c'est un dieu qu'on adore.

Il faudra bien pourtant se rendre à l'évidence de ce
fait capital de l'or artificiel qui a trop d'importance pour
qu'il puisse passer inaperçu.

Les imaginations sont en travail et les esprits en quête
du progrès, « disait il y a quelques semaines le général
Février dans son adieu à ses soldats. « Malheur à celui
qui s'arrête en chemin, il est bien vite distancé !.... Ne
vous attardez jamais en route, prenez la tête du mouvement et ne la quittez plus. »

Ces sages et patriotiques conseils m'ont poussé à porter à la publicité cette heureuse trouvaille que j'ai longtemps tenue cachée au public. D'ailleurs, arrivé au déclin
de l'âge, j'ai cru que ma conscience me faisait un devoir
de parler haut, c'est pourquoi j'ose aujourd'hui me présenter devant vous, Messieurs, pour vous exposer mes
principes sur la transmutation des métaux. Ils m'ont
conduit à un long et périlleux voyage, à de laborieuses
recherches, et enfin à une découverte inespérée dont les
conséquences encore indéterminées, promettent à notre
pays un avenir brillant de gloire et de prospérité.

Le point de départ de mes convictions et de mes recherches sur la transmutation des métaux, la clef de tout le système, c'est l'unité de la matière.

Cette idée, que la matière est une comme l'essence est la volonté de son créateur, et, que tous les corps admis en qualité de corps simples pour les savants, sont ceux dont on ne peut pousser plus loin la décomposition, cette idée, dis-je, est à mon sens parfaitement rationnelle. En réalité, il n'y a pas de corps simples, pas plus parmi les métaux que parmi les autres corps ; il y a la matière une dans son essence, soumise à des lois en partie inconnues, en partie connues, et appliquées à volonté par le savoir humain, lois en vertu desquelles la matière se montre à nous sous des formes tantôt variables, tantôt permanentes, il n'y a rien de plus.

Telle fut la base des doctrines des alchimistes d'autrefois, et les savants de nos jours arrivent à en convenir, sur ce point comme sur beaucoup d'autres, les alchimistes étaient dans le vrai.

Ces idées ont encore si peu cours dans le monde, elles renversent tant de théories, actuellement en possession de la science, si cette expression m'est permise, que j'ai besoin de m'appuyer de l'autorité d'un grand nom, Lavoisier, un des pères de la chimie moderne, qui n'osant avouer pleinement ses convictions sur un sujet aussi sca-

breux, les a laissées entrevoir, en montrant où conduit sa
théorie non contestée du calorique. On sait que Lavoisier désigna le premier sous ce nom la force inconnue
et mystérieuse qui produit sur nos organes la sensation
du chaud et du froid, qui dilate les corps par sa présence
et les fait passer par les trois états : solide, liquide et
gazeux. Or Lavoisier fait remarquer qu'en élevant seulement à 100 ou 120 degrés la température moyenne de la
surface du globe, l'eau disparaît : plus d'Océan, plus de
lacs ni fleuve, tout cela fait partie de l'atmosphère, plus
de végétation, plus d'êtres animés. Chauffez encore un
peu, des ruisseaux de plomb, de zinc et de bismuth vont
couler comme de l'eau ; continuez à élever la température, il n'en est pas de si élevée que l'on ne puisse supposer susceptible d'un degré supérieur, un moment viendra
où la terre sera à l'état de fusion ignée, par lequel elle
a évidemment passé ; chauffez encore, le liquide igné
deviendra une masse de vapeurs incandescentes avec un
noyau comme les comètes, puis un assemblage de vapeurs d'une ténuité extrême comme celles des nébu-
leuses, enfin à quelques milliers seulement de degrés
pyrométriques, il n'y aura plus que des molécules tellement divisées qu'il sera permis de douter de leur existence, supposez la décroissance du calorique en sens

inverse, vous aurez successivement une nébuleuse, une comète, une planète, enfin dans toutes les conditions où nous voyons la nôtre aujourd'hui.

Si la volonté du créateur, par l'action d'une seule force, le Calorique, peut faire subir à la matière toutes ces transformations, que deviennent en tout cela les corps simples et les corps composés ? N'était-ce pas, autant qu'on pouvait l'affirmer implicitement dans ce temps-là, l'unité de la matière ? Si la matière est une, si la science peut lui faire prendre à son gré tant de formes diverses, pourquoi un pas de plus en avant ne lui permettrait-il pas de reproduire aussi à volonté les formes des divers métaux, spécialement celles des métaux précieux ?

·   ·   ·   ·   ·   ·   ·   ·   ·   ·   ·   ·   ·   ·

J'ai raconté plus haut mes luttes et mes travaux depuis 1848.

Parvenu après trente années du plus opiniâtre labeur à acquérir une modeste fortune, je résolus en 1884 de reprendre mon travail sur l'or et de le conduire à bonne fin.

En 1885, j'écrivais à M. Berthelot une lettre restée sans réponse. Ne croyant pas encore le moment venu de parler, je continuai mes travaux dans le silence de

mon laboratoire : Enfin, trouvant dans mes nouvelles
expériences à l'appui de ma découverte un fait appelé à
jeter une clarté sur le phénomène de la transmutation
des métaux, je déposais en juin de l'année dernière un
pli cacheté à l'Académie des sciences sur le nouveau
fait. C'est alors que je me suis adressé à mon pays en
écrivant d'abord à Messieurs les membres de la Commission du budget, puis à Messieurs les Sénateurs et
Députés. Je viens aujourd'hui insister plus particulièrement auprès de vous, Messieurs, pour que vous me
veniez en aide.

. . . .

A mon point de vue, les réactions sous l'influence
desquelles a lieu la transformation des métaux, constituent
un phénomène complexe où le principal rôle appartient
aux éléments atmosphériques. Ce sont eux qui opèrent
journellement ces métamorphoses dont nous ne pouvons
suivre le cours, tant les effets en sont lents, à commencer par le potassium et le sodium pour finir par les
métaux précieux Argent, Or et Platine.

L'air doit agir premièrement par ses éléments simples,
puis par ses éléments combinés.

Le second agent indispensable à toutes ces transformations métalliques c'est l'eau, le grand dissolvant de la

nature se renouvelant sans cesse, toujours en mouvement,
que j'appellerai la mère nourricière par excellence de
tous les corps. Elle se charge de fournir par elle-même
la nourriture propre à toutes les individualités minérales :
En effet nous la voyons s'élever dans cette atmosphère
à l'état de pureté pour puiser ses éléments : Oxygéne et
Azote et autres corps qui s'y trouvent en minimes quantités ; toutes les molécules de ces différents corps sont
plus ou moins modifiées par les astres, surtout par le soleil
qui vient les vivifier et les rendres aptes à être assimilées
à ces différents êtres suivant leur âge, pour constituer
cette grande famille du règne minéral. Cette eau en descendant sur terre va se charger de nouvelles substances,
des nitrates de potasse et de soude et autres, puis poursuivant son œuvre, elle traverse la mince couche d'hu-
mus, puis les terrains d'alluvion où elle va commencer
par fournir la nourriture à ces êtres qu'elle va rencontrer
sur son passage. Elle, ensuite pénètre dans les roches
métallifères, associées à divers autres corps, des Chlorures, des Pyrites, des Carbonates et elles vont se rencontrer avec les nitrates alcalins, d'où vont résulter des réactions chimiques ; des courants électriques et magnétiques
vont se produire ; ces roches vont être décomposées ;
de ces différents corps en présence, sous des pressions

et des températures diverses, des réactions multiples,
des dissociations de certains de ces corps vont se produire, d'autres cèderont un excès de leur combinaison,
tous ces éléments à l'état naissant en présence de leurs
individualités minérales, vont leur permettre d'absorber
les éléments propres à leur perfection et de passer d'un
âge à un autre d'inaltérabilité, jusqu'à ce qu'ils arrivent
après plusieurs stations à leur dernier degré de perfection;
ces réactions se renouvelant sans cesse par le courant
continuel de ce liquide générateur de toutes les familles.

L'azote semble agir dans les combinaisons comme
agirait un ferment dans les transformations des matières
organiques. Sous l'influence de cet agent, la fixation de
l'oxygène, sa combinaison plus ou moins durable avec le
radical, va s'y opérer. Voilà pour moi la clef de la transformation des métaux ; et tout me porte à croire que le
radical est l'hydrogène. Que ces idées théoriques soient
vraies ou fausses, exactes ou erronées, c'est ce que je
n'entreprendrai point de discuter ici, je crois devoir me
borner à dire que sans qu'il m'ait été possible d'acquérir
la certitude mathématique de leur réalité, leur influence
a présidé à mes expériences, leur probabilité à mes yeux
est née des effets notés pendant plusieurs années d'observations; si j'en fais mention ici c'est pour mieux faire

comprendre la marche que j'ai suivie, et jeter peut-être quelque clarté sur la route où marcheront ceux qui suivraient d'après moi le même ordre de recherches.

Dans cette expérience capitale, de l'or artificiel, en effet, il s'est produit une réaction, qui est en désaccord avec les faits chimiques connus jusqu'à ce jour : ici des circonstances exceptionnelles ont engendré un phénomène nouveau pour la science : tant qu'on ne pourra pas bien en préciser les causes, l'art de la transmutation ne progressera guère. Que faut-il donc pour cela ? Vulgariser les expériences, les répéter à l'infini, en varier les circonstances, c'est par là qu'on arrivera à un procédé certain pour opérer une transmutation complète d'un métal dans un autre. Toute la question est là, étudier par la pratique jointe à la théorie, on trouvera la clef du mystère. Alors la transmutation des métaux sera la chose la plus simple du monde.

C'est pour atteindre ce but, Messieurs, que les moyens me font défaut, je suis arrêté de toutes parts dans mes expériences; n'ayant aucun laboratoire, où je puisse les faire commodément avec chance de succès : n'ayant à ma disposition que quelques tubes et matras, modique accessoire tout à fait insuffisant ; ne possédant aucun appareil pour étudier, apprécier et enregistrer toutes les circonstances qui peuvent se présenter dans une réaction de ce genre, c'est en portant une observation attentive et minutieuse qu'on arrivera, en modifiant les appareils, ainsi que les circonstançes, à trouver la marche à suivre pour arriver au but désiré.

Cet aveu d'impuissance ne vous étonnera pas ; vous savez comment on m'a retiré les uns après les autres tous les moyens qui eussent pu me faciliter des ressources pour poursuivre mon travail et l'amener à bonne fin. De plus c'est un point de ressemblance malheureux avec les inventeurs qui m'ont devancés.

Aucun d'eux, que je sache, n'a perfectionné son invention avec ses propres moyens et trop souvent ils en ont perdu le fruit, épuisés qu'ils étaient par les dépenses qu'ils avaient faites, ou découragés par l'incrédulité ou l'insouciance publiques. Sous ce rapport, Messieurs, je crois ne leur ressembler jamais, on ne me lassera pas, on ne me découragera pas, et j'ose espérer, moi et ma découverte, on ne nous étouffera pas. J'ai foi dans l'avenir parce que je suis fermement convaincu. J'ai fait de l'or, pour peu que je sois secondé j'en ferai encore, j'en ferai beaucoup, j'en ferai par des procédés rentrant dans la grande industrie et quand j'en serai là, Messieurs,

croyez-le bien, je ne mettrai pas la lumière sous le bois-
seau.

En attendant qu'ils se détrompent, ceux qui se figu-
rent, par leur obstination constante à mon égard, arrêter l'essor de cette découverte qui leur déplaît, qui les
contrarie, parce que leurs intérêts peuvent être compromis : ils voudraient l'éloigner, la faire disparaître si
cela était possible, au lieu de se réjouir que cette découverte ait vu le jour dans notre beau pays de France, que
nous devons tenir à ennoblir de plus en plus et sur
lequel notre savoir et notre justice doit attirer les sym-
pathies des peuples.

Non, ils préfèrent mettre obstacle sur obstacle, afin
de donner le temps à nos ennemis d'arriver et de nous
dépasser peut-être : Voilà du patriotisme d'un autre
genre.

Eh bien, Messieurs, arrière ceux dont l'égoïsme
étouffe l'amour de la patrie, il est urgent pour nous d'af-
fronter résolument les difficultés présentes et chercher
à les résoudre promptement. Sachez que cette découverte sera comme un coup de foudre le jour où l'on
pourra opérer sûrement la transformation d'un métal
dans un autre.

Un exemple vous fera mieux comprendre la profon-

deur de l'abîme dans lequel nous sommes menacés de
tomber, d'un jour à l'autre. Un kilo de cuivre pur pour
être transformé en un kilo d'or pur nécessite peu de
frais à en juger d'après les résultats que j'ai obtenus ; il
n'y a de dépenses que la matière première : Acide, combustible, et la main d'œuvre. Je mets au pis-aller le tout
à 150 francs ; ce prix pourra être réduit facilement de
moitié, quand on opèrera sur une moyenne échelle, ce
qui mettra le prix net du kilo à 75 francs au lieu de
3.444 fr. 44 centimes qu'il vaut aujourd'hui : bénéfice
net, 3.369 francs. N'est-ce pas assez beau pour qu'on
daigne s'en occuper ? Vous pouvez juger par là du cata-
clisme que cette découverte amènera dans le monde entier, quand on pourra produire l'or 40 à 50 fois meilleur
marché qu'il ne vaut aujourd'hui.

Ainsi, une personne qui aurait 50.000 francs en or
n'aura plus qu'une valeur en nombre rond de 1.000
francs, et cela ne sera pas le dernier mot. Qu'attendons-
nous donc ? il faut être prêt à tout événement, ce n'est
pas en fuyant la difficulté qu'on arrivera à la résoudre,
qu'on pourra être maître de la situation.

Depuis longtemps c'est un feu qui couve sous la cendre, il suffit d'une étincelle pour le faire éclater, nul
alors ne pourra en arrêter les progrès, qui seront rapides,

n'en doutez pas, nous serons forcés, malgré nous, d'en subir les conséquences qui seront affreuses si nous n'arrivons pas les premiers pour en atténuer les effets, il ne nous restera plus qu'à nous maudire d'avoir été incrédules à la voix de la vérité.

Permettez-moi, Messieurs, de vous rappeler ici les judicieuses paroles de M. Richet dans la revue scientifique du 18 mars dernier, en parlant des progrès accomplis chez certaines nations voisines. « Il faudrait, dit-il, que nous imitassions ces nations, qui malheureusement pour nous deviennent de jour en jour plus puissantes. Le secret de cette puissance, sans cesse grandissante, il ne faut pas le chercher ailleurs que dans l'association de plus en plus intime de la science et de l'industrie. Malheureusement nous sommes trop personnels et ce défaut nous empêche d'arriver à temps, parce que notre existence est trop courte pour mener à bonne fin une idée juste et reconnue pour arriver à la mettre en pratique et à en profiter tout en enrichissant la société, nous arrivons trop tard ».

Ce que je désire avant tout, c'est qu'on constate le fait de l'or artificiel, c'est pour moi le point essentiel. Je ne suis ni un sauteur, ni un faiseur de dupes, je ne veux pas que ma bonne foi soit mise en doute et qu'on puisse dire que j'ai cherché à tromper mon pays. Il faut donc se convaincre par expérience du fait que j'avance, et si ce que je vous ai présenté, à l'académie, n'est pas de l'or artificiel, il est inutile de poursuivre mes recherches.

Messieurs, je marche péniblement, poussé que je suis par cette crainte sans cesse présente à mon esprit que je puis être dépassé. C'est ce que je voudrais éviter dans l'intérêt de mon pays. C'est ce qui m'a donné la force de venir ici afin d'attirer tout particulièrement votre attention sur la gravité de cette question de l'or artificiel qui est une vérité incontestable.

Pour en finir, Messieurs, je vous dirai qu'il ne suffit pas que je sois convaincu de ce que j'avance, il faut encore que vous le soyiez. tous. Connaître la vérité est non seulement votre droit, mais c'est même votre devoir, car il y va de vos intérêts les plus sacrés. Si toutes mes démarches ont été vaines jusqu'à ce jour, ce n'est pas un motif pour que vous en restiez là, il vous appartient donc de réclamer de vos représentants que la lumière se fasse sur cette découverte, ici ; Messieurs, nous n'avons tous qu'un seul but, la Patrie !

C'est donc à vous, que j'en appelle, Messieurs de la presse, vous qui avez toutes les connaissances voulues pour apprécier les avantages et les dangers de la situation présente et à venir qui nous est faite par cette découverte, et tous les périls qui peuvent en résulter pour notre Patrie, si nous sommes devancés par une nation voisine qui en profitera certainement à notre détriment. Ne nous laissons donc pas surprendre, et c'est pourquoi je viens aujourd'hui, remplissant un devoir, faire appel à votre patriotisme pour trouver auprès de vous un généreux et puissant concours, afin que tous ceux qui ont confiance en moi et ma découverte, m'honorent d'une obole indispensable à la continuation de mes travaux dans l'intérêt de mon pays.

Je m'adresse aussi à vous, Messieurs, Étudiants, Bourgeois, Commerçants et Ouvriers, pour que vous me prêtiez votre appui moral par l'élan généreux de vos esprits justes et clairvoyants, non imbus des préjugés des temps : Vous jugerez sainement la valeur de ce fait de l'or artificiel, et chercherez à prévenir les dangers que peut courir la patrie si l'étranger nous devançait. Rappelons-nous toujours les nobles paroles du Général Février : « Malheur à celui qui s'arrête en chemin ».

T. TIFFEREAU.

130, rue du Théâtre, Grenelle.

Cher Monsieur,

La conformité de vos idées et des miennes sur l'unité de la matière nous a mis en rapports. Il y a quelque temps j'ai eu l'occasion de vous entendre dans une de vos conférences, Boulevard des Capucines, et j'ai pu approuver vos affirmations annonçant que les métaux sont des corps composés, et qu'il est possible de produire par la synthèse et les réactions chimiques et électro-chimiques de l'or artificiel comme tout autre métal.

C'est aussi mon opinion, et, puisque vous me le demandez, je vais vous relater les faits et expériences sur lesquels elle s'appuie, ainsi que les conclusions que je crois pouvoir en tirer.

Les problèmes à résoudre dans l'ordre d'idées ou je suis sur les matières minérales et métalliques m'ont préoccupé dès mon début comme ingénieur civil des mines, à partir de ma sortie de l'École et pendant toute ma longue carrière comme directeur des usines métallur-

12

giques de Commentry et Montluçon, Fumel, etc.. et des exploitations de mines houillères qui en dépendent.

Pendant longtemps je n'ai pu utiliser que quelques loisirs pour mes études préférées.

Mais il y a déjà plusieurs années, ayant été atteint par une paralysie progressive dont je n'ai pu me guérir qu'au bout d'une année, et forcé de renoncer à mes travaux actifs comme ingénieur des mines et métallurgiste, je me suis spécialement occupé, pendant environ quatre ans, de la grande question de l'unité de la matière.

D'abord comme système et moyen de réduire la dépense des expériences et de faciliter mes études, travaux et démonstrations, j'ai laissé à peu près de côté la production des métaux précieux, et je ne me suis guère occupé que de la production du cuivre, pensant, je le crois, avec juste raison, que la question du cuivre étant résolue, cette solution entraînera toutes les autres.

Cependant il m'est arrivé plusieurs fois de constater la production de l'argent et de l'or, et très souvent celle du zinc et celle de l'aluminium à l'état d'alumine.

En résumé après des tâtonnements et expériences, pour ainsi dire sans nombre, attestés et constatés par leurs procès-verbaux, je suis arrivé à produire du cuivre au

laboratoire dans des conditions qui me paraissent suscep-
tibles d'être appliquées industriellement.

Mais afin de déterminer la genèse de ce métal (comme
de tout autre sans doute) il est indispensable qu'il en
préexiste à l'état soluble, dans les bains chimiques, où il
doit se former, sous l'influence des réactifs spéciaux.

De telle sorte que la production métallique a lieu par
accroissement ; ainsi que cela arrive, par exemple, pour
les matières végétales.

J'ajouterai que l'intervention de certaines matières fé-
condantes paraît utile, si ce n'est nécessaire, ainsi que
certaines conditions de chaleur, de lumière, d'électricité,
de temps, etc., toujours comme pour l'accroissement des
matières végétales.

L'acroissement métallique est variable suivant la méthode avec laquelle l'opération est conduite, ainsi j'ai pu
obtenir des accroissements métalliques dépassant 100
pour 100 et j'ai lieu d'espérer le double.

D'un autre côté en opérant trop rapidement et sans
ménagements, l'accroissement métallique est insignifiant,
ou ne se produit pas.

Enfin le métal provenant de l'accroissement métallique
paraît être d'abord à l'état naissant, et alors il ne présente pas toutes les réactions et propriétés du métal

adulte ; il peut même disparaître en tout ou en partie, mais on parvient à le fixer et à l'amener à l'état adulte sous l'influence de certaines réactions chimiques.

Agréez, cher Monsieur, l'assurance de ma considération distinguée.

LE BRUN DE VIRLOY.

ÉTUDE SCIENTIFIQUE ET COMPARATIVE

SUR L'OR ARTIFICIEL.

Ayant été mis en relations avec M. Tiffereau dans une de ses premières conférences sur l'unité de la matière à la salle Pétrelle, le 16 février 1889, je fus chargé, par un groupe d'affaires que la question intéressait, de vérifier la nature de l'or artificiel en comparaison avec les échantillons du métal brut et purifié.

Établir par analyse chimique et l'étude des propriétés micrographiques qu'un échantillon d'or est naturel ou artificiel est une chose impossible à première vue. Car si les échantillons sont du même métal, et au même degré de pureté, ils doivent donner des réactions absolument identiques et des formes cristallographiques semblables ou analogues.

Si j'ai permis l'insertion dans ce volume de la note scientifique qui va suivre, c'est qu'on y trouve un fait curieux qui, malheureusement tout en n'expliquant rien, jette un jour nouveau sur la production artificielle d'un métal par dérivation d'un autre.

Les nombreuses personnes qui s'occupent de transmutations pourront tirer parti suivant leurs idées de ce document purement analytique.

Difficile à convaincre, mais n'étant pas ennemi des idées nouvelles, j'ai fait ce travail à mon laboratoire in_dustriel, et je vais soumettre le résultat impartial de mes observations.

ANALYSE MICRO-CHIMIQUE

D'UN ÉCHANTILLON D'OR ARTIFICIEL

remis par M. TIFFEREAU.

L'échantillon étudié porte le n° 3 et la mention (préparée à Guadalajara, 1847, avec limaille d'argent allié au cuivre dans la proportion de la monnaie).

CARACTÈRES PHYSIQUES.

La matière se trouvant dans un pet't tube scellé, à l'aspect, à première vue, d'une poudre jaune verdâtre assez fine.

Sous l'objectif du microscope on constate que la poudre est composée de grains métalliques, d'un beau jaune terne et d'un jaune verdâtre dans les parties minces.

Les grains sont formés par la juxtaposition de particules métalliques, arrondies comme de la mousse de platine ; mais comme la matière est jaune, elle ressemble beaucoup à la coupe d'un gâteau d'abeilles privé de son miel, ou encore à un fragment d'éponge.

On ne constate pas d'aspérités et d'angles aigus, la matière est mamelonnée, on n'y trouve pas aussi les faces brillantes d'un cristal métallique.

Le métal non fondu se brise en poudre fine sous le marteau, mais après fusion, il devient parfaitement malléable.

CARACTÈRES CHIMIQUES.

Une partie de la poudre d'or pesant o g.100 milligrammes a été dissoute aisément dans un mélange d'acide azotique et d'acide chlorhydrique ; c'est sur le bichlorure préparé avec la poudre que les réactions chimiques ont eu lieu. Voici la composition de l'eau régale, la meilleure pour dissoudre ce produit : Acide azotique pur et fumant = deux parties, acide chlorhydrique purifié = dix parties.

On a essayé de dissoudre le métal dans un mélange d'acide azotique et d'acide iodhydrique, il est resté totalement insoluble.

Une eau régale Bromhydrique a pu le dissoudre avec un peu de difficulté.

Un mélange d'acide chlorhydrique et d'acide chromique a produit une attaque énergique du métal.

En chauffant à l'air une esquille d'or avec un petit fragment de potasse, la masse devient jaunâtre, l'or se dissout peu à peu sous forme d'aurate de potasse.

Une expérience analogue faite avec de la soude n'a rien donné. Un échantillon d'or recouvert d'acide sulfhydrique concentré est resté brillant, même au bout de vingt heures.

Un échantillon d'or traité par le sulfhydrate d'ammoniaque est devenu rapidement noir, il y a eu formation d'un sulfure.

Un fragment d'or traité par une gouttelette de mercure s'est fort bien dissous.

ESSAI DE L'OR PAR VOIE SÈCHE

AU CHALUMEAU.

Une esquille de métal chauffée à une température élevée a fondu en globules jaunes, malléables; lorsqu'ils se solidifient, après la fusion, ils redeviennent incandescents, cette réaction est absolument semblable à celle produite avec les ors purs. Cet or fondu dans du cristal colore celui-ci en rose pâle.

ESSAI DE L'OR PAR VOIE HUMIDE.

Réactions chimiques faites sur la solution aqueuse du bichlorure du métal à étudier.

Acide Sulfhydrique :
   précipité noir, soluble lentement dans les sulfures alcalins.

Sulfhydrate d'ammoniaque :
   précipité noir, soluble dans un excès de réactif.

Carbonate de soude :
   pas de précipité, ni à froid, ni à chaud.

Potasse :
   pas de précipité, ni à chaud, ni à froid.

Ammoniaque :
   précipité jaune, liqueur claire.

Cyanoferrure de potassium :
   coloration vert émeraude.

Solution des chlorures d'étain :
   précipité rougeâtre très faible, le liquide est très brun.

Acide Oxalique :

La liqueur devient bleu indigo, et il se forme un léger nuage brun venant probablement de la réduction et de la précipitation de l'or. Dans l'échantillon analysé on ne trouve aucunes traces de silice et de cuivre, mais on constate la présence d'un peu d'argent.

ETUDE SUR L'OR NATUREL

PROPRIÉTÉS PHYSIQUES.

L'or natif n'est jamais pur, il est toujours allié à l'argent dans des proportions variables, on y trouve aussi de la silice.

Il se présente toujours avec une couleur jaune qui lui est propre, et le métal est d'autant plus jaune qu'il renferme moins d'argent. Son état est métallique ; ses surfaces naturelles sont peu brillantes ; mais sous le polissage d'une dent de loup il prend un vif éclat légèrement verdâtre.

L'or naturel est plus dur que le plomb et l'étain, mais il l'est moins que l'argent, le cuivre et le fer.

Il est très malléable, et on peut réduire les échantillons en feuilles extrêmement minces par un battage progressif.

La densité de l'or naturel est très variable, mais en moyenne elle est de 14,4 (La densité de l'or de M. Tiffereau n'a pas pu être établie d'une façon absolue, car l'échantillon était trop minime, mais par des expériences spéciales de laboratoire, il a été reconnu que sa densité est beaucoup supérieure à l'or naturel).

L'or natif se présente en filaments, en rameaux, en petits cristaux, ayant la forme de pyramides quadrangulaires ou d'octaèdres, en lames, en paillettes, en plaques, en grains disséminés dans les rochers, en poudre mélangée de sable, enfin on le trouve souvent en pépites, c'est-à-dire en morceaux irréguliers plus ou moins gros.

PROPRIÉTÉS CHIMIQUES.

Pour faire l'étude chimique comparative sur l'or naturel je me suis servi non d'or natif impur, mais d'or purifié, préparé au laboratoire.

On a dissout une pièce d'or dans une eau régale faite avec une partie d'acide azotique à 20 de l'aréomètre et 4 parties d'acide chlorhydrique très pur. On filtre la liqueur, pour la séparer du chlorure d'argent qui s'est formé, et on y ajoute un excès de proto-chlorure d'antimoine, dissous dans un mélange d'eau et d'acide chlorhydrique. L'or se précipite au bout de quelques heures, surtout lorsqu'on chauffe légèrement la liqueur, sous forme de petites lames cohérentes qui se rassemblent rapidement.

On le lave d'abord avec de l'acide chlorhydrique, puis avec de l'eau distillée et on l'a fondu dans un creuset de terre avec un mélange de nitre et de Borax.

On a obtenu de la sorte un culot d'or à 1000/1000 c'est-à-dire chimiquement pur.

Cet or a été mis en solution dans de l'eau régale, transformé en bichlorure d'or évaporé à sec pour chasser l'excès d'acide et repris par l'eau distillée.

Sur la solution aqueuse on a opéré les réactions de l'or très connues des chimistes.

J'en dresse le tableau ci-dessous, pour faciliter aux personnes qui n'ont pas fait de Chimie la comparaison des réactions chimiques de l'or artificiel et de l'or pur naturel.

Acide sulfhydrique :

précipité noir, soluble dans les sulfures alcalins.

Sulfhydrate d'ammoniaque :

précipité noir, soluble dans un excès de réactif.

Carbonate de soude :

pas de précipité à froid, à chaud précipité jaunâtre d'oxyde d'or ; la liqueur retient de l'aurate de soude en dissolution.

Potasse :

dans une solution neutre, surtout à chaud, précipité jaune rougeâtre d'oxyde d'or.

Ammoniaque :

précipité jaune d'or fulminant.

Cyanoferrure de potassium :

coloration vert émeraude.

Solution des Chlorures d'étain :

précipité brun rougeâtre de pourpre de Cassius ; une solution étendue n'est pas précipitée, mais se colore lentement en rouge brun.

Acide Oxalique :

a chaud précipitation d'or métallique sous forme de poudre brune ; au moment de la précipitation, la liqueur devient violette. On a traité une petite quantité de limaille venant du culot d'or pur préparé, comme il a été dit ci-dessus par une eau régale iodhydrique, la solution du métal a eu lieu.

La même opération étant faite avec de l'acide bromhydrique, on a aussi obtenu une dissolution complète et rapide de la poudre d'or traitée. Un mélange d'acide chlorhydrique et d'acide chromique a attaqué énergiquement le métal.

En chauffant à l'air un fragment de potasse avec un

peu de poudre d'or, la matière est devenue d'un beau
jaune soluble dans l'eau, c'est de l'aurate de potasse.

La même opération étant faite avec du Protoxyde de
sodium ou Soude, on a obtenu aussi une masse un peu
moins jaune, mais soluble dans l'eau, il y a eu formation
d'aurate de soude.

Un échantillon d'or en poudre recouvert d'une solution
de gaz acide sulfhydrique est resté complètement brillant.

Un échantillon d'or en poudre recouvert de sulfhydrate d'ammoniaque est devenu rapidement noir, car
il s'est formé à la surface du métal une mince couche
d'un sulfure.

Un peu de poudre d'or pur traité à chaud par du
mercure a disparu complétement, il se forme un amal-
game d'or.

ESSAIS DE L'OR PAR VOIE SÈCHE AU CHALUMEAU.

Une esquille de métal chauffée à une température
élevée sous le dard du chalumeau fond en globules
jaunes, malléables ; en se solidifiant ils subissent le
phénomène d'incandescence, èt la surface des globules
paraît ridée.

NOTES ET CONCLUSION.

En comparant les propriétés physiques de l'or artificiel à celles de l'or naturel, on constate une différence sensible, quoique pourtant on puisse trouver rarement, il est vrai, des poudres d'or natif, ayant le même aspect que celui de M. Tiffereau.

Quant aux propriétés chimiques, elles sont intéressantes à constater; les réactions principales de l'or artificiel sont presque analogues à celles de l'or natif, mais quelques réactions comme on peut le voir diffèrent sensiblement des réactions habituelles.

Je prétends que c'est justement ce résultat anormal qui donne un certain poids aux travaux de M. Tiffereau.

Il y a là un fait que je ne puis pas expliquer, mais qui existe, en définitive; cela indique que l'or artificiel a toutes les propriétés physiques de l'or natif, mais diffère de celui-ci par quelques propriétés chimiques, n'appartenant pas en propre à un autre métal.

Je rappellerai ici un passage du rapport de M. Le Brun de Virloy, ingénieur des mines, sur l'accroissement métallique dont il s'est beaucoup occupé. (Le métal

venant de l'accroissement métallique paraît être d'abord
à l'état naissant, et alors il ne présente pas toutes les
réactions et propriétés du métal adulte. Le métal peut
même disparaître en tout ou en partie, mais on parvient à
le fixer et à le faire passer à l'état adulte sous l'influence
de certaines réactions chimiques).

Je n'ai pas à discuter ici cette théorie, mais je constate que le résultat de notre travail semble lui donner
raison.

Ma mission se borne à donner un compte-rendu
complet des travaux de laboratoire faits sous ma direction, de l'échantillon d'or que m'a remis M. Tiffereau et
c'est à son étude exacte que je me suis attaché.

L'échantillon étudié n'a pas été fait sous mes yeux,
ayant été préparé au Mexique en 1847.

GUSTAVE ITASSE

Chimiste, 8, rue Bayen, Paris-Ternes

Imp. des Écoles, HENRI JOUVE, 23, rue Racine, Paris.

TABLE

www.ingramcontent.com/pod-product-compliance
Lightning Source LLC
Chambersburg PA
CBHW070406090426
42733CB00009B/1554

L'ESCLAVAGE EN AFRIQUE

ET LA

9 6 2

CROISADE NOIRE

PAR

JOSEPH IMBART DE LA TOUR

Docteur en droit,

Avocat à la Cour d'appel de Paris,

Lauréat de l'Académie des Sciences morales et politiques.

PARIS

MAISON DE LA BONNE PRESSE

8, RUE FRANÇOIS Ier

MAISON DE LA BONNE PRESSE

PETITS VOLUMES A 0 FR. 40 BROCHÉS

SOUS UNE BELLE RELIURE ROUGE ET OR, 0 fr. 65 (port 0 fr. 20).

Sans Dieu, roman par DE BESANCENET.
Épreuves d'une mondaine, roman par L. DARVILLE.
Le sire de Champtercier, suivi de la Clé d'or, par J. BREDA.
Le Franc-Maçon de la Vierge, roman par BOUHOURS.
Les trois vierges noires de l'Afrique, par BOUHOURS.
Nouvelle vie populaire de saint Vincent de Paul, par H. DEBOUT.
Histoire populaire de saint Julien, premier évêque du Mans,
    par DOM PIOLIN.
Un mariage sous la Terreur, roman par DE BESANCENET
Une gerbe de légendes réunies, CH. D'AVONE.
Souvenirs de régiment, croquis militaires par le capitaine TIC.

NOUVELLE BIBLIOTHÈQUE BLEUE A 0 FR. 40
PORT 0 fr. 15

Une *bibliothèque bleue* a publié autrefois, sans discernement
et avec quelque hostilité à la foi, les histoires et poèmes de gestes
des vieux temps.

Une nouvelle *bibliothèque bleue*, dirigée par un érudit de talent,
M. le baron d'Avril, ancien ministre plénipotentiaire, restitue à
la Maison de la Bonne Presse la richesse nationale oubliée ou
profanée de nos vieux romans.

Publiée dans ces conditions, la *Nouvelle bibliothèque bleue* a sa
place marquée dans les collections destinées aux écoles, aux patro-
nages et à toutes les bibliothèques populaires.

Du temps que la reine Berte filait.
Guillaume Bras de fer, le marquis au court-nez et son neveu
    Vivien.
Les enfances Roland.
Le mystère de Roncevaux.
Mystères liturgiques (6 mystères).
Le Cid Campéador.
Girart de Rossillon, duc de Bourgogne et d'Aquitaine, qui
    porta le charbon pendant sept ans.
Le chien de Montargis.
Le mystère du siège d'Orléans.